21 世纪经济学类管理学类专业主干课程系列教材

基础会计习题与案例

（第 2 版）

何春艳 编著

清 华 大 学 出 版 社

北京交通大学出版社

·北京·

内 容 简 介

本书是与杨玉红教授主编的《基础会计学》（第2版）相配套的辅导用书，严格按照主教材章节顺序和内容编排，每章设计了本章学习目标，本章知识结构，本章重点难点分析，本章习题，案例分析，参考答案及案例分析提示。各类习题的设计力求体现知识的科学性和系统性，在提炼主教材基本理论的同时，更加注重理论对实践的指导作用，将实际工作中可能出现的与会计基本理论相联系的各种经济业务内容展示于《基础会计习题与案例》（第2版），让学生进行充分的训练，使他们在练习的过程中轻松掌握庞杂的会计基本理论。编者还将实际经济生活中出现的真实案例经过加工之后编入本书，使抽象的理论与实践相结合。同时，为方便学习，本书每章后附有参考答案，力求使会计初学者轻松掌握抽象的会计基本理论。

本书可以作为普通高等院校财务管理专业、会计专业、审计专业、资产评估专业及工商管理类学科的教学参考书，也可以作为培训及社会人员自学考试的参考书。

图书在版编目（CIP）数据

基础会计习题与案例/何春艳编著 . —2 版 . —北京：北京交通大学出版社：清华大学出版社，2016. 1（2017. 7 重印）

（21 世纪经济学类管理学类专业主干课程系列教材）

ISBN 978 - 7 - 5121 - 2636 - 7

Ⅰ . ①基…　Ⅱ . ①何…　Ⅲ . ①会计学 – 高等学校 – 教学参考资料　Ⅳ . ①F230

中国版本图书馆 CIP 数据核字（2015）第 320068 号

责任编辑：郭东青

出版发行：	清 华 大 学 出 版 社	邮编：100084	电话：010 - 62776969
	北京交通大学出版社	邮编：100044	电话：010 - 51686414
印　刷　者：北京交大印刷厂
经　　　销：全国新华书店
开　　　本：185mm × 230mm　　印张：12.5　　字数：280 千字
版　　　次：2016 年 1 月第 2 版　　2017 年 7 月第 2 次印刷
书　　　号：ISBN 978 - 7 - 5121 - 2636 - 7/F · 1572
印　　　数：2 001 ～ 3 000 册　　定价：26.00 元

本书如有质量问题，请向北京交通大学出版社质监组反映。对您的意见和批评，我们表示欢迎和感谢。投诉电话：010 - 51686043，51686008；传真：010 - 62225406；E-mail：press@ bjtu. edu. cn。

第 2 版前言

本书第 1 版自 2010 年出版以来，得到读者的认可，使用效果良好。在此期间，会计核算内容和要求有了部分改变，尤其税法的变化对会计核算产生了一定的影响。为了及时反映会计核算的新内容，更好地满足使用者的需求，我们对本书进行了认真的修订。在修订过程中，我们保留了第 1 版的优点，并在此基础上根据使用者的反馈意见及本人的教学体会，对原书进行了力所能及的优化、改进和完善。

本书是清华大学出版社和北京交通大学出版社联合出版的《基础会计学》（第 2 版）的配套辅导教材，对《基础会计学》（第 2 版）教材每一章都提出了本章学习目标，列示本章知识点框架结构及本章需要关注的重点、难点分析，同时配有大量的习题。对于初学基础会计的使用者来说，内容简练，框架结构清晰易懂，大量习题有助于对基础会计学的深奥理论加深理解和掌握，提高学习效率，为后续课程的学习打下坚实的基础。

本书的出版得到了北京交通大学出版社的全力支持，在此表示感谢。

由于时间仓促，编者水平有限，本参考书中不足之处在所难免，欢迎广大读者和同行批评指正。

编　者
2015 年 12 月

前　言

　　新的企业会计准则的颁布和金融危机的爆发，对高校的会计人才培养带来很大影响。为适应新情况，满足教学需要，我们以新会计准则体系为依据，以杨玉红教授组织编写的《基础会计学》为蓝本，编写了本配套教学参考书。

　　本书内容较丰富，知识面广，尤其突出对实务操作的训练和基本技能方面的培养，使学生通过本书的训练能较熟练地掌握基础会计所要求的基本知识。

　　本书的特点体现为以下四个方面。

　　第一，严格按照《基础会计学》教材编写配套用的内容。根据主教材章节，本书安排了11章，章节顺序与主教材相同，便于学生和读者对照使用。

　　第二，结构严谨、内容全面。将基础会计学的基本理论、基本方法和基本操作技能的内容采用不同的方式进行提炼、升华，既覆盖主教材全部内容，又突出重点和难点。

　　第三，理论联系实际。在提炼主教材基本理论的同时，更加注重理论对实践的指导作用，将实际工作中可能出现的与会计基本理论相联系的各种经济业务内容展示于本书中，让学生进行充分的训练，使他们在练习习题的过程中轻松掌握庞杂的会计基本理论。

　　第四，注重案例分析。我们将实际经济生活中出现的真实案例经过加工之后编入本书，力求使抽象的理论现实化，使学生能够尽快地掌握实践操作。

　　由于时间仓促，编者水平有限，本参考书中不足之处在所难免，欢迎广大读者和同行批评指正。

编　者

2010 年 9 月

目　　录

第一章 会计概述

一、本章学习目标

通过本章学习，要求掌握会计的定义、会计的基本职能、会计的核算方法及包括的内容，理解会计核算和会计监督的关系；了解会计的产生与发展过程，会计发展与环境的关系。

二、本章知识结构

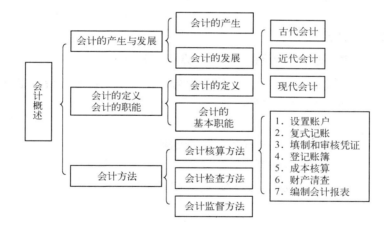

三、本章重点、难点分析

★ 会计的含义

★ 会计的基本职能

（一）会计的含义——两大流派

会计被称做是一种商业语言，意思是会计是沟通经济工作者之间的桥梁，管理者若不懂会计，经济工作就无从谈起。美国著名经济学家、诺贝尔经济学奖获得者萨缪尔森说："我们正处在一个科技时代，同时也是一个会计时代，在这个时代里，掌握一些会计知识已成为人们的基本需求。"目前对于会计的理解理论上主要有以下观点。

(1) 会计信息系统论。会计是为提高企业和各单位的经济效益，加强经济管理而建立的一个以提供财务信息为主的经济信息系统。

(2) 会计管理活动论。会计是以货币为主要计量单位，对特定单位的经济运动进行预测、参与决策，运用专门的方法和程序进行核算，并实行监督、分析和考核，旨在提高经济效益的一种管理活动。

基于管理活动论，会计的定义如下：会计是以货币为主要计量手段，借助于专门的方法和程序，对各单位的经济业务进行连续、系统、全面的核算和监督，提供一系列财务信息和其他经济信息，旨在提高经济效益的一项经济管理活动。会计是一种管理活动，它表述了会计的本质。

（二）会计的基本职能

会计的职能是指会计在经济管理中所具有的功能。会计职能分为两个层次，第一层次为基本职能，包括核算（反映）和监督（控制）两个职能。第二层次为派生职能，是由基本职能派生出来的职能。

会计的基本职能如下。

1. 核算职能（首要职能，表现：记账、算账、报账）

核算职能指会计通过确认、计量、记录、报告，从数量上反映各会计主体经济活动的发生及完成情况，为经济管理提供信息的功能。

其特点如下。

第一，主要从价值量上反映各单位的经济活动状况。

第二，具有完整性、连续性和系统性。

第三，要对各单位经济活动的全过程进行反映，不仅要进行事中、事后的核算，还可以预测未来的经济活动。

2. 监督职能

会计监督是通过预测、决策、控制、分析、考核等具体方法，促使经济活动按照规定的要求运行，以达到预期的目的。这是会计的另一项基本职能，与会计核算职能相辅相成。

其特点如下。

第一，主要是通过价值指标来进行。

第二，对经济活动进行事后、事中、事前的全过程监督。

第三，目的是保证经济活动的合法性和合理性。

派生职能（会计职能的扩展）如下。

随着经济的发展，会计的职能在不断地扩展，在核算和会计监督基本职能的基础上，还具有分析经济情况、预测经济前景和参与经济决策等职能。①会计预测；②会计决策；③会计分析；④会计考评。

四、本章习题

（一）单项选择题

1. 管理会计是从（   ）分离出来，与财务会计并列，着重为企业进行最优决策、改善管理、提高经济效益服务的一个企业会计分支。

    A. 现代财务会计   B. 传统财务会计   C. 财务管理   D. 成本会计

2. 会计的基本职能是（   ）。

    A. 核算和监督   B. 预测和决策   C. 监督和分析   D. 反映和核算

3. 会计是以（   ）为主要计量单位，反映与监督一个单位的经济活动的一种经济管理工作。

    A. 实物   B. 货币   C. 工时   D. 劳动耗费

4. 在会计职能中，属于控制职能的是（   ）。

    A. 进行会计核算   B. 实施会计监督

    C. 参与经济决策   D. 评价经营业绩

5. 下列方法中，不属于会计核算方法的有（   ）。

    A. 填制会计凭证   B. 登记会计账簿

    C. 编制财务预算   D. 编制会计报表

6. 会计核算的最终环节是（   ）。

    A. 确认   B. 计量   C. 计算   D. 报告

7. 关于会计的说法错误的是（   ）。

    A. 会计是一项经济管理活动

    B. 会计的主要工作是核算和监督

    C. 会计的对象针对的是某一主体平时所发生的经济活动

    D. 货币是会计唯一的计量单位

8. 借贷记账法起源于（   ）。

    A. 英格兰   B. 意大利   C. 德国   D. 美国

9. 会计方法中的基本方法是（   ）方法。

    A. 会计核算   B. 会计分析   C. 会计决策   D. 会计预测

10. 会计发展为两个分支，分别是财务会计和（   ）。

    A. 成本会计   B. 管理会计   C. 所得税会计   D. 审计

（二）多项选择题

1. 下列各项关于会计核算和会计监督之间的关系说法正确的是（　　　）。
    A. 两者之间存在着相辅相成、辩证统一的关系
    B. 会计核算是会计监督的基础
    C. 会计监督是会计核算的保障
    D. 会计核算和会计监督没有什么必然的联系
2. 下列方法中，属于会计核算方法的有（　　　）。
    A. 填制会计凭证
    B. 登记会计账簿
    C. 编制会计报表
    D. 编制财务预算
3. 会计核算的三项工作是指（　　　）。
    A. 记账
    B. 对账
    C. 报账
    D. 成本核算
4. 会计的职能包括（　　　）。
    A. 进行会计核算
    B. 实施会计监督
    C. 预测经济前景
    D. 参与经济决策
    E. 评价经营业绩
5. 会计是（　　　）。
    A. 经济管理活动
    B. 以凭证为依据
    C. 以货币为主要计量单位
    D. 针对一定主体的经济活动

（三）判断题

1. 会计监督是指对特定主体经济活动的合法性、合理性的审查。（　　　）
2. 会计是以货币为主要计量单位，以凭证为依据，借助于专门的技术方法，对一定主体的经济活动进行全面、系统、连续、综合的核算和监督，并向有关方面提供相关信息的经济管理活动。（　　　）
3. 会计监督职能也被称为控制职能，即实施过程控制，包括事前、事中和事后的监督。（　　　）
4. 在会计核算中，每项经济业务的发生或完成，原则上都要以会计凭证为核算依据，但个别经济业务除外。（　　　）
5. 会计核算所提供的各种信息是会计监督的依据。（　　　）
6. 会计只能以货币为计量单位。（　　　）
7. 会计的最基本功能是会计监督。（　　　）
8. 财务会计主要反映企业过去的信息，不能为企业内部管理提供数据。（　　　）
9. 会计核算的各种专门方法在会计核算过程中应单独运用，互不相干。（　　　）
10. 会计核算是会计工作的基本环节，其主要内容是反映和监督。（　　　）

五、案例分析

案例1：关于会计的话题

（1）什么是会计？

▲ 字面上"会"是聚合、汇总的意思，"计"是计量的意思。

▲"汇总""计量"什么呢？

（2）假如你准备开办一个小规模的私人公司，从事商品批发销售业务，请你思考以下几个问题：

▲ 一般情况下开办公司的目的是什么？

▲ 办公司除了办理各种注册手续外，最重要的是什么？

▲ 资金从哪里来？

案例2：你能够用400元（人民币，下同）或不足400元成功地创办一个企业吗

不管你相信与否，这的确能够做到。刘月娟是北京一所著名美术学院的学生，和其他大学生一样，她也常常为了补贴日常花销而不得不去挣一些零用钱。最初，她为了购买一台具有特别设计功能的计算机而烦恼。尽管她当时手头仅有400元，可决心还是促使她决定于2014年12月开始创办一个美术培训部。她支出120元在一家餐厅请朋友吃饭，帮她出主意，又根据她曾经在一家美术培训班服务兼讲课的经验，她首先向她的一个师姐借款4 000元，以备租房等使用。她购置了一些讲课所必备的书籍、静物，并支出一部分钱用于装修画室。她为她的美术培训部取名为"周围"。刘月娟支出100元印制了500份广告传单，用100元购置了信封、邮票等。8天后她已经有了17名学员，规定每人每月学费1 800元，并且找到了一位较具能力的同学做合伙人。她与合伙人分别为"周围"的发展担当着不同的角色（合伙人兼做"周围"的会计和讲课教师）并获取一定的报酬。至2015年1月末，她们已经招收了50名学员，除了归还师姐的借款本金和利息计5 000元、抵消各项必需的费用外，各获得讲课、服务等净收入30 000元和22 000元。她们用这笔钱又继续租房，扩大了画室面积。为了扩大招收学员的数量，她们甚至聘请了非常有经验的教授、留学归国学者作了两次免费讲座，为下一步"周围"的发展奠定了非常好的基础。

4个月下来，她们的"周围"平均每月招收学员39名，获取收入计24 000元。她们还以每小时200元的讲课报酬雇用了4名同学做兼职教师。至此，她们核算了一下，除去房租等各项费用，共获利67 800元。这笔钱足够她们各自购买一台非常可心的计算机并且还有一笔不小的节余。但更重要的是，她们通过4个月来的锻炼，掌握了许多营销的技巧，也懂得了应该怎样与人合作和打交道，学到了不少有关财务的知识，获得了比金钱更为宝贵的工作经验。

问题：

（1）会计在这里扮演了怎样的角色？

（2）从中你是不是获得了有关会计方面的许多术语，如投资、借款、费用、收入、盈余、投资人投资及独资企业、合伙企业和公司等。

六、参考答案

（一）单项选择题

1. B 2. A 3. B 4. B 5. C 6. D 7. D 8. B 9. A 10. B

（二）多项选择题

1. ABC 2. ABC 3. ACD 4. ABCDE 5. ABCD

（三）判断题

1. √ 2. √ 3. √ 4. × 5. √ 6. × 7. × 8. × 9. × 10. ×

七、案例分析提示

案例1

一般开公司的目的是为了提高经济效益。开办公司除了需要在工商行政管理局办理注册登记手续外，最重要的是建立公司内部控制制度，特别是会计控制，做好会计核算和监督工作。

资金来源主要有两个渠道：所有者自己的资金和借入的资金。

案例2

会计在此案例中主要是进行收入和支出的核算。

第二章　会计核算要求

一、本章学习目标

　　通过本章的学习，要求学生掌握会计核算的基本前提、收付实现制和权责发生制的含义及区别，熟悉会计信息质量要求，了解会计目标和信息使用者等。

二、本章知识结构

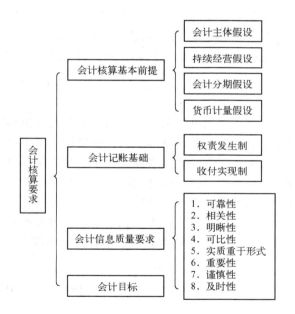

三、本章重点、难点分析

　　★ 会计基本前提
　　★ 会计记账基础

（一）理解会计的基本前提

　　会计所处的环境极为复杂，会计面对的是变化不定的社会经济环境。会计人员在会计核算过程中，面对这些变化不定的经济环境，就不得不作出一些合理的假设，对会计核算的对象及其环境作出一些基本规定，即建立会计核算的基本前提，也称为会计假设。会计假设不是毫无根据的虚构设想，而是在长期的会计实践中，通过人们逐步认识和总结而形成的，是对客观情况合理的推断。为了保证会计工作的正常进行和会计的质量，对会计核算所处时间、空间环境及其范围、内容、基本程序和方法作出合理设定，并在此基础上建立会计原则，是企业会计确认、计量和报告的前提。包括会计主体、持续经营、会计分期、货币计量四项基本假设。

1. 会计主体

会计主体是指会计所核算和监督的特定单位或者组织，它界定了从事会计工作和提供会计的空间范围。会计主体假设为会计核算提供了空间范围。

会计主体与法律主体（法人）并非对等的概念，法人可作为会计主体，但会计主体不一定是法人。法律主体都是会计主体，但会计主体不一定是法律主体。例如，企业集团、企业、企业的分厂、企业的车间或事业部，都可以成为会计主体，但都不是法律主体。

【例2-1】　2015年12月28日，甲公司从乙公司购入原材料一批，价款100万元，价款已支付，原材料已验收入库。如果做购进核算，则会计主体为甲公司；如果做销售核算，则会计主体为乙公司。

2. 持续经营

持续经营是指会计主体在可以预见的未来，按当前的经营规模和状态持续经营下去，不会停业也不会大规模削减业务。即在可预见的未来，该会计主体不会破产清算，所持有的资产将正常营运，所负有的债务将正常偿还。事业单位、行政单位不会撤销。

（1）持续经营假设是会计准则、会计制度的前提，也是会计系统建立、历史成本、收益确认、折旧计提、权责发生制等会计程序和会计方法选用的基础。

（2）持续经营为会计核算提供了时间长度。如果企业宣告破产而清算，则此前提不再适用，会计处理方法亦作相应改变，按国家关于"企业清算"的规定办理。

3. 会计分期

将一个会计主体持续经营的生产活动划分为一个个连续的长短相同的期间，以便分期结算账目和编制财务会计报告。

（1）《企业会计准则——基本准则》规定会计分期有年度、半年、季度、月份四种。会计中期是指短于一个完整的会计年度的报告期间，包括半年度、季度和月度。会计年度可分为日历年度和营业年度。

我国会计准则规定：会计年度采用日历年度，即自1月1日起至12月31日止。

（2）会计准则是正确计算费用、收入、成本的前提。

4. 货币计量

货币计量是指会计主体在会计核算过程中采用货币作为统一的计量单位。

（1）人民币作为记账本位币是它的具体化表现。

（2）采用其他货币作为记账本位币的单位，报表必须折合为人民币。单位的会计核算应以人民币作为记账本位币。业务收支以外币为主的单位也可以选择某种外币作为记账本位币，但编制的财务会计报告应当折算为人民币。在境外设立的中国企业向国内报送的财务会计报告，应当折算为人民币。

此处包含了两层含义：其一，以货币作为会计的统一计量单位；其二，作为会计计量单位的货币其币值是不变的。按照国际惯例，当币值波动不大或前后波动能抵消时，会计核算中仍认为币值是稳定的。但在发生恶性通货膨胀时就采用特殊的会计准则加以处理，但货币计量仍然是会计核算的基本前提。

四个假设缺一不可，具有相互依存、相互补充的关系。

（二）理解会计的记账基础

由于会计分期的存在，必然涉及发生的收入或费用应确认为哪一个会计期间的问题。如本年12月20日销售商品价款100万元，但这笔款项实际于下年的2月11日收回。由于跨年度，就涉及该项收入作为本年收入还是作为下年收入的确认问题。该项收入的确认有两种方法：一种是作为本年收入，其依据是该项经营活动是本年完成的；另一种是作为下年收入确认，其依据是虽然经营活动是在本年完成，但款项是在下年收回。这两种方法都有一定道理，体现了会计的两种不同的方法，也就是会计的记账基础，分为权责发生制和收付实现制。

权责发生制又称应计制，是以应收应付作为标准来确定本期收入和费用，以计算本期盈亏的会计处理基础。在应计制下，有两个凡是：凡属本期已获得的收入，不管是否已收到现款，均作为本期的收入处理；凡属本期应负担的费用，不管是否付出了现款，都作为本期的费用处理。反之，凡不应归属于本期的收入，即使现款已经收到并且已经入账，也不作为本期收入处理；凡不属于本期的费用，即使已付了现款并且已登记入账也不作为本期费用处理。在应计制下，应归属本期的收入和费用，不仅包括本期实际收到的收入和实际支出的费用，也可能包括下期收到的收入和支出的费用，也可能包括在上期已经取得的收入和支出的费用。所以在会计期末要确定本期的收入和费用，必须根据账簿记录按照归属原则对账簿记录进行调整。

【例2-2】 销售款未收——应该作为当期的收入。

【例2-3】 预收销售款——不应该作为当期的收入。

【例2-4】 应付借款利息——应该作为当期的费用。

【例2-5】 预付下期租金——不应该作为当期的费用。

综上所述，采用权责发生制，可以正确地反映本期收入和费用，正确计算本期损益。因此，我国会计准则规定企业一般采用权责发生制作为记账基础。

收付实现制又称现金制，是以款项的实际收付为标准来确定本期收入和费用、计算本期盈亏的会计处理基础。在现金收付的基础上，有两个凡是：凡在本期实际以现款付出的费用，不论其应否在本期收入中获得补偿，均应作为本期应计费用处理；凡在本期实际收到的现款收入，不论其是否属于本期，均应作为本期应计的收入处理。反之，凡本期还没有以现款收到的收入和没有用现款支付的费用，即使它归属于本期，也不作为本期的收入和费用处理。目前，我国的政府与非营利组织会计一般采用收付实现制，事业单位除经营业务采用权责发生制外，其他业务也采用收付实现制。

在现金收付制基础上，会计在处理经济业务时不考虑预收收入、预付费用及应计收入和应计费用的问题，会计期末也不需要进行账项调整，因为实际收到的款项和付出的款项均已登记入账，所以可以根据账簿记录来直接确定本期的收入和费用，并加以对比以确定本期盈亏。

权责发生制和收付实现制相关项目比较见表2-1。

表2-1

权责发生制和收付实现制比较

比 较 项 目	权责发生制	收付实现制
确认标准	应收应付	实收实付
确认标志	取得收款的权利；承担付款的义务	收到现金；付出现金
对预收账款的处理	不确认收入	确认收入
对赊销的处理	确认收入	不确认收入
对预付费用的处理	不确认费用	确认费用
对预提费用的处理	确认费用	不确认费用
期末账项调整	要进行账项调整	不进行账项调整
核算繁简	烦琐	简便
合理性	比较合理	不太合理

四、本章习题

（一）单项选择题

1. 会计核算应以实际发生的交易或事项为依据，如实反映企业财务状况，体现（　　）的原则。
　　A. 可靠性　　　　B. 可比性　　　　C. 相关性　　　　D. 谨慎性
2. （　　）是将一个会计主体持续经营的生产经营活动人为划分成若干个相等的期间。
　　A. 会计时段　　　B. 会计分期　　　C. 会计区间　　　D. 会计年度
3. 下列各项中不属于谨慎性原则要求的是（　　）。
　　A. 资产计价时从低　　　　　　B. 利润估计时从高
　　C. 不预计任何可能发生的收益　　D. 负债估计时从高
4. 在会计核算过程中，会计处理方法前后各期（　　）。

A. 应当一致，不得随意变更　　　　B. 可以变动，但须经过批准

C. 可以任意变动　　　　D. 应当一致，不得变动

5. 在会计核算原则中，要求合理核算可能发生的费用和损失的原则是指（　　）。

A. 谨慎原则　　　　B. 可比性原则

C. 一贯性原则　　　　D. 配比原则

6. 在会计核算的基本前提中，界定会计工作和会计信息的空间范围的是（　　）。

A. 会计主体　　B. 持续经营　　C. 会计期间　　D. 货币计量

7. 持续经营是建立在（　　）基础上的。

A. 会计主体　　B. 权责发生制原则C. 会计分期　　D. 货币计量

8. 会计分期是建立在（　　）基础上的。

A. 会计主体　　B. 持续经营　　C. 权责发生制原则　D. 货币计量

9. 强调不同企业会计信息横向可比的会计核算原则是（　　）。

A. 相关性原则　　B. 可靠性原则　　C. 可比性原则　　D. 重要性原则

10. 历史成本原则要求企业各项财产物资应当按（　　）计价。

A. 取得时的实际成本　　　　B. 现行市价

C. 重置成本价　　　　D. 取得时的实际成本和现行市价的平均数

11. 实质重于形式原则是指企业应当按照交易或事项的经济实质进行会计核算，而不应仅仅按照它们的（　　）作为会计核算依据。

A. 法律形式　　B. 固定形式　　C. 表面形式　　D. 法定形式

12. 计提坏账准备的做法体现了（　　）的原则。

A. 重要性　　B. 谨慎性　　C. 配比性　　D. 相关性

13.《企业会计准则》规定我国企业应以（　　）作为会计确认、计量基础。

A. 权责发生制　　B. 收付实现制　　C. 货币计量　　D. 历史成本

14. 企业资产以历史成本计价而不以现行成本或清算价格计价，依据的会计核算的前提是（　　）。

A. 会计主体　　B. 持续经营　　C. 会计分期　　D. 货币计量

15. 企业本期收到上期产品赊销款20 000元，本期销售产品40 000元，收到货款30 000元，余款尚未收到。按权责发生制原则，本期实现的产品销售收入为（　　）元。

A. 20 000　　B. 40 000　　C. 50 000　　D. 30 000

（二）多项选择题

1. 会计核算的基本前提包括（　　）。

A. 会计主体　　B. 持续经营　　C. 会计分期　　D. 货币计量

2. 下列各项属于会计信息质量要求的有（　　）。

A. 可靠性　　B. 相关性　　C. 完整性　　D. 可比性　　E. 重要性

3. 下列组织可以作为一个会计主体进行核算的有 （　　　）。
　　A. 独资企业　　　　　　　　B. 销售部门
　　C. 分公司　　　　　　　　　D. 母公司及子公司组成的企业集团

4. 我国《企业会计准则》规定，会计期间分为 （　　　）。
　　A. 年度　　　　B. 半年度　　　　C. 季度　　　　D. 月度

5. 下列属于谨慎性原则要求的是（　　　）。
　　A. 资产计价时从低　　　　　B. 负债估计时从高
　　C. 不预计任何可能发生的收益　　D. 利润估计时从高

6. 下列各项属于会计核算信息质量原则的是（　　　）。
　　A. 及时性原则　　　　　　　B. 权责发生制原则
　　C. 重要性原则　　　　　　　D. 历史成本原则

7. 采用权责发生制，下列业务不能确认为当期费用的有 （　　　）。
　　A. 支付下年的报纸、杂志费　　B. 预提本月短期借款利息
　　C. 预付下季度房租　　　　　D. 支付上月电费

8. 会计期间的划分有利于企业及时（　　　）。
　　A. 结算账目　　　　　　　　B. 编制财务报告
　　C. 提供反映企业经营情况的财务信息　D. 查账

9. 立足于收付实现制进行会计处理，不需要运用下列（　　　）的特殊会计处理方法。
　　A. 应收账款　　B. 应付账款　　C. 预收款项　　D. 预付款项

10. 会计有为企业外部各有关方面提供信息的作用，主要是指（　　　）。
　　A. 为政府提供信息　　　　　B. 为投资者提供信息
　　C. 为债权人提供信息　　　　D. 为社会公众提供信息

（三）判断题

1. 会计核算基本前提包括会计主体、货币计量、资料完整和经济效益。　　　（　　）

2. 会计处理的方法应始终保持前后一致，不得随意变更，这是会计核算的可比性原则。
　　　　　　　　　　　　　　　　　　　　　　　　　　　　　　　（　　）

3. 会计主体应该是独立核算的经济实体。　　　　　　　　　　　　　（　　）

4. 企业的会计核算应以权责发生制为基础，按实际发生的收入和支出确认企业的收益和支出。　　　　　　　　　　　　　　　　　　　　　　　　　　　　（　　）

5. 会计主体一般都是法律主体，但法律主体不一定是会计主体。　　　　（　　）

6. 没有会计主体，就不会有持续经营；没有持续经营，就不会有会计分期；没有货币计量，就不会有现代会计。　　　　　　　　　　　　　　　　　　　　（　　）

7. 我国的《企业会计准则》规定，企业的会计核算应当以权责发生制为基础。（　　）

8. 核算职能是会计的最基本职能。　　　　　　　　　　　　　　　　（　　）

9. 持续经营是指企业能持续不断地经营下去，因而它仅仅是一种假设，缺乏客观存在的基础。

10. 货币计量假设认为企业记账本位币的币值应永远保持不变。 （　　）（　　）

（四）业务计算题

1. 某单位 2015 年 3 月发生下列经济业务：
（1）收到上月销货款 5 000 元存入银行；
（2）售出产品成本 8 000 元，销售价格 10 000 元，货款尚未收到；
（3）支付上月份房租 500 元；
（4）用银行存款支付本月广告费 800 元；
（5）计提本月折旧费 3 200 元。

要求：按照权责发生制原则和收付实现制分别确认 3 月份的收入和费用。

2. A 公司 9 月份发生以下经济业务：
（1）支付下季度财产保险费 3 600 元；
（2）商品销售收入 50 000 元，尚未收到；
（3）预收客户货款 10 000 元；
（4）分摊本月财产保险费 1 200 元，该保险费上季度已经预付；
（5）支付本月管理部门发生的邮电通信费 2 800 元。

业务顺序号	权责发生制		收付实现制	
	收入	费用	收入	费用
1		P		Q
2	T		Y	
3	U		V	
4		S		H
5		J		K

要求：根据上述资料，回答下列（1）～（5）题。

（1）字母 P 和 Q 的金额分别为（　　）
A. 3 600，3 600　　　　B. 0，3 600　　　　C. 3 600，0　　　　D. 0，0

（2）字母 T 和 Y 的金额分别为（　　）
A. 50 000，50 000　　　B. 0，50 000　　　C. 50 000，0　　　D. 0，0

（3）字母 U 和 V 的金额分别为（　　）
A. 10 000，10 000　　　B. 0，10 000　　　C. 10 000，0　　　D. 0，0

（4）字母 S 和 H 的金额分别为（　　）
A. 1 200，1 200　　　　B. 0，1 200　　　　C. 1 200，0　　　　D. 0，0

（5）字母 J 和 K 的金额分别为（　　　）

   A. 2 800，2 800　　　　B. 0，2 800　　　　C. 2 800，0　　　　D. 0，0

五、案例分析

案例1：会计假设面临的挑战

新技术革命使整个工业时代进入到以计算机、通信、网络为核心的信息技术时代，会计所依据的社会经济环境和物质技术基础发生了巨大的变化。

会计系统赖以建立和存在的基本假设是会计主体、持续经营、会计分期和货币计量。信息技术的发展则极大地拓展了会计假设，会计主体假设由限定的会计核算和报告的空间范围扩展到"虚""实"两个空间。其中虚的是指处于"媒体空间"中的不断涌现的"网上实体"。这就使会计主体的外延难以确定，会计主体所依附的空间变幻莫测。如何对这种不确定的会计主体进行有效的核算和管理，以降低其风险，对会计是一个有力的挑战。传统的会计分期和持续经营两个假设是会计核算和报告的时间范围的假设。而信息技术的发展，为信息实现预测性和及时性提供了可能，且会计主体日益复杂，使这两个假设在"虚"的"媒体空间"中适用性较差，而传统货币计量假设包括币值不变假设和记账本位币假设两个附带假设；由于"媒体空间"的无限扩展性使得国际资本流动加快，资本决算可在瞬间完成，对币值不变假设造成很大冲击；同时"网上银行"的兴起，"电子货币"的出现，使货币逐渐成为观念的产物。

问题：通过阅读以上材料，你觉得会计基本假设面临着什么挑战？应该如何解决？

案例2：对会计主体的认识

王先生开了一个商店，经营烟酒等商品。王先生日常生活中需要的烟酒等就直接从自己的商店拿，也从来不记账，因为他觉得反正是自己开的商店，用的烟酒就是自己的东西。但是税务局的人员在检查时提出王先生有偷税的嫌疑，他觉得很不理解。你认为税务局的说法有道理吗？

案例3：关于会计要素确认

2006 年年初，王山出资 10 万元成立了一家财务会计公司。公司对当时发生的有关业务进行了相应的会计处理，具体包括以下内容。

（1）因公司业务不多，会计人员定期在各季度末结账，并编制资产负债表和利润表。

（2）公司租用办公用房，合同规定年初支付当年全部租金 3 万元。公司考虑到租金金额较大，故在支付款项时增加固定资产 3 万元。

（3）购入 2 台电脑，支付全部价款 14 000 元，公司在付款时增加了当期管理费用。

（4）公司将王山为其家庭购入家具 2 000 元计入管理费用。

（5）公司为客户提供服务，根据协议应收取价款 8 000 元，因对方暂时不能支付（已约定 10 天内付款），所以公司未作任何处理。

问题：请根据上述情况，对该财务会计公司的相关业务处理进行分析评价。

案例 4：关于记账本位币

在中国境内的外资合资企业，采用业务收入大的货币作为记账本位币。

资料：某市红旗股份有限公司系合资企业。生产的产品既在国内销售，又往国外销售。随着业务量的不断拓展，外销业务不断扩大，经过几年的努力，到 2002 年 10 月，外销业务占整个业务的 80% 以上，而且主要集中在德国等西欧国家。企业财务部门考虑收入业务主要是德国等欧元区国家，而且每天按外汇牌价折算人民币也非常烦琐，于是便向公司董事会提出会计核算由人民币为记账本位币改为以欧元为记账本位币。

会计核算需选择货币作为会计核算的计量单位，用货币形式来反映企业的生产经营活动的全过程，从而全面反映企业的财务状况和经营成果。

问题：（1）试分析红旗公司应采用哪种记账本位币？

（2）我国会计准则是如何规定的？

六、参考答案

（一）单项选择题

1. A 2. B 3. B 4. A 5. A 6. A 7. A 8. B 9. C 10. A 11. A 12. B 13. A 14. B 15. B

（二）多项选择题

1. ABCD 2. ABDE 3. ABCD 4. ABCD 5. ABC 6. AC 7. ACD 8. ABC 9. ABCD 10. ABCD

（三）判断题

1. × 2. √ 3. √ 4. √ 5. × 6. √ 7. √ 8. √ 9. × 10. ×

（四）业务计算题

1. 权责发生制：收入 = 10 000 元　　费用 = 8 000 + 800 + 3 200 = 12 000 元
   收付实现制：收入 = 5 000 元　　费用 = 500 + 800 = 1 300 元

2. （1）—（5）见下表：

业务顺序号	权责发生制		收付实现制	
	收入	费用	收入	费用
1		P 0		Q 3 600
2	T 50 000		Y 0	
3	U 0		V 10 000	
4		S 1 200		H 0
5		J 2 800		K 2 800

七、案例分析提示

案例1

通过阅读以上材料，你觉得会计基本假设面临着什么挑战？应该如何解决？会计的四项基本假设是基于传统的财务会计模式提出的。网络公司的出现对（持续经营假设）提出了最直接的挑战。因为网络公司一般是一个临时性的组织，进行的多是一次性交易，所以可能以极快的速度出现，也可能以极快的速度消失。在信息时代，由于财务报告采用实时报告系统，因此任何时候会计信息使用者都可以从网络上获得最新的财务报告。而传统的会计定期报告制度显然不适应这种变化。

随着信息时代的到来，会计假设面临越来越多的挑战。因此，应根据环境的变化，适时对会计假设作出必要的修订，重构会计假设。

案例2

会计主体假设规定了会计核算的空间范围，说明会计是记谁的账的。因此，要求在会计处理上把业主个人的活动和单位主体本身的活动区别对待。本案例中王先生的个人行为和他的商店应分别处理，王先生从商店中拿烟酒，对于商店就是一项业务，应该记账。所以税务局的说法是正确的。

案例3

（1）根据会计分期假设，应按月结账、编制报表，而不能按季结账。

（2）租入固定资产没有所有权，不符合资产定义，不能增加公司资产，支付的租金应分期摊销。

（3）购入的电脑符合固定资产的定义，作为费用处理违反了划分资本性支出与收益性支出的要求。

（4）将个人的支出记入公司账中，违反了会计主体假设。

（5）因有协议约定公司可收取款项，但公司未计收入，不符合权责发生制假设和会计核算的要求。

案例4

红旗股份有限公司生产的产品主要销往德国等地，货币收支主要以欧元为主，因此可以选择欧元为记账本位币。

人民币是我国的法定货币，在我国境内具有广泛的流动性，因此，《中华人民共和国会计法》和《企业会计准则》均规定"会计核算以人民币为记账本位币"。同时对于外币业务较多的企业，《中华人民共和国会计法》和《企业会计准则》也规定："业务收支以人民币以外的货币为主的单位，可以选定其中一种币作为记账本位币，但是编报的财务会计报告应当折算为人民币。"

应当注意：记账本位币一经确定，不得随意变动，同时年末编制财务会计报告时，应当按照一定的外汇汇率折算为人民币。

第三章　会计要素与会计等式

一、本章学习目标

    通过本章学习，要求掌握会计对象、会计六要素的概念、特征及包括的内容；正确理解会计基本等式及衍生的会计等式；理解经济业务发生对会计等式的影响等，并具有在以后学习会计核算方法时运用这些理论概念的初步能力。

二、本章知识结构

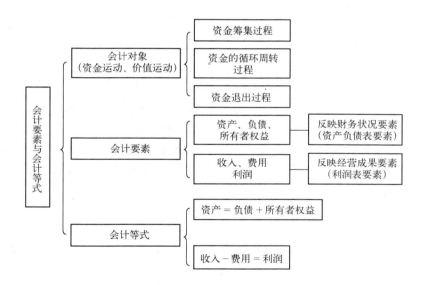

三、本章重点、难点分析

    ★ 会计对象的含义

    ★ 会计要素的含义

    ★ 经济业务的发生对会计等式中各个会计要素的影响

（一）会计对象的含义

任何工作都有其特定的工作对象，会计工作也不例外。一般来说，会计对象就是指会计工作所要核算和监督的内容；具体来说，会计对象是指企事业单位在日常经营活动或业务活动中所表现出的资金运动，即资金运动构成了会计核算和会计监督的内容。如图 3-1 所示。

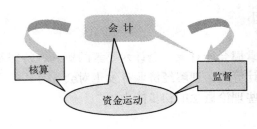

图 3-1

那么，如何理解和认识资金运动呢？
- 资金：社会再生产过程中各种物资的货币表现及货币本身，是会计主体进行生产经营或其他经济活动的前提。
- 资金运动：在使用中发生的形态上的序列变化过程。

首先，资金运动是客观的。资金运动的客观性是指企事业单位的资金都要经过资金的投入、运用和退出这样一个运动过程，这个过程不因企业所处的国家或地区的不同而不同。也正因为资金运动的客观性，才使得会计能成为一种国际性的"商业语言"。

其次，资金运动是抽象的。资金运动的抽象性是相对于具体的会计核算而言的。因为在会计实务中，任何经济活动所引起的资金运动都必须要具体化直至量化，若仅有"资金运动"这样一个抽象的概念，那么会计核算的对象是无法落到实处的。这就需要对抽象的资金运动作进一步的分类，于是就有了会计要素。

会计的具体对象由于不同会计主体在社会再生产过程中所起的作用不同，经济活动的具体内容不同，因而其价值运动的具体形式和内容也不相同，即具体会计对象不同。例如，工业企业的会计对象是工业企业再生产过程中的资金（或资本）运动，商品流通企业的会计对象是商品流通企业在商品流通过程中的资金（或资本）运动。工业企业的资金运动如图 3-2 所示。

工业企业的资金运动状况可划分三个阶段和三个过程。
- 三个阶段：投入、使用与退出。
- 三个过程：供应、生产与销售。

关于会计对象，还有两种主要观点：①会计对象是企业和其他单位中能够用货币表现的社会再生产过程和财产；②会计对象是企业和其他单位在社会再生产过程中可以用货币表现的经济活动。

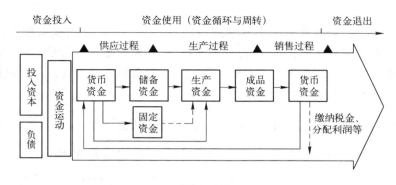

图 3-2

（二）会计要素的含义

如前所述，会计要素是对会计对象所作的基本分类，是会计核算对象的具体化，是用于反映会计主体财务状况和经营成果的基本单位。由于会计要素是对会计对象的分类，所以会计要素是主观的，也就是说，不同的国家可以有不同的会计要素。中国《企业会计准则》将会计要素界定为六个，即资产、负债、所有者权益、收入、费用和利润。

（1）资产：资产是指过去的交易、事项形成的并由企业拥有或控制的资源，该资源预期会给企业带来经济利益。在理解这一定义时要注意：①未来交易或事项可能形成的资产不能确认，如或有资产；②企业对资产负债表中的资产并不都拥有所有权，如融资租入的固定资产；③不能给企业带来未来经济利益的资产，则不能作为资产加以确认。

（2）负债：负债是指过去的交易、事项形成的现时义务，履行该义务预期会导致经济利益流出企业。在理解这一定义时要注意：①未来交易或事项可能产生的负债不能确认，但或有负债在符合条件时则应该确认（见"或有事项"准则）；②负债需要通过转移资产或提供劳务加以清偿，或者借新债还旧债。

（3）所有者权益：所有者权益是指所有者在企业资产中享有的经济利益，其金额为资产减负债后的余额。在理解这一定义时要注意：①所有者权益是表明企业产权关系的会计要素；②所有者权益与负债有着本质的不同，负债需要定期偿还，但所有者的投资则不能随便抽走。

（4）收入：收入是指企业在销售商品、提供劳务及让渡资产使用权等日常活动中所形成的经济利益的总流入。在理解这一定义时要注意：①收入的来源包括三个方面，即销售商品、提供劳务和让渡资产使用权；②收入应该是企业在日常经营活动中形成的，所以营业外收入不包括在收入要素中。

（5）费用：费用是企业在销售商品、提供劳务等日常活动中所发生的经济利益的流出。在理解这一定义时要注意：①费用和收入之间存在配比关系；②费用中能够对象化的部分形成产品的制造成本，不能够对象化的部分则形成期间费用。所以，一项费用要么是产品成本，要么是期间费用。

（6）利润：利润是企业在一定会计期间的经营成果，其金额表现为收入减费用后的差额。在理解这一定义时要注意：①作为反映企业经营成果的要素，利润应该是指企业的净利润，即利润总额减所得税费用之后的差额；②利润总额由两部分组成，即营业利润、营业外收支净额；③利润是反映企业经营成果的最终要素。

（三）经济业务的发生对会计等式中各个会计要素的影响

会计等式是反映会计要素之间平衡关系的计算公式。如图 3-3 所示。

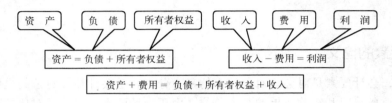

图 3-3

（期初余额 + 本期增加发生额 - 本期减少发生额 = 期末余额，不算会计等式。）

（一）资产 = 负债 + 所有者权益

资产最终都是来源于所有者的投入和从债权人借入的资金及其在生产经营活动中所产生的效益，即分别来源和归属于所有者或投资人和债权人。归属于所有者的部分形成所有者权益；归属于债权人的部分形成负债（即债权人权益）。资产表明的是资源在企业存在、分布的形态（资金占用），而负债和所有者权益则表明了资源取得和形成的渠道（资金来源）。资产 = 权益。

资产与权益之间的恒等关系，是最基本的会计等式或称会计平衡公式。它是复式记账法的理论基础，也是企业编制资产负债表的依据。

经济业务的发生，所引起的会计要素变化，可归纳为以下四种：

（1）资产与权益同时增加；

（2）资产与权益同时减少；

（3）资产之间有增有减；

（4）权益之间有增有减。

总结：由以上分析得出，经济业务的发生不影响会计等式的成立。

（二）收入 - 费用 = 利润

此处所指收入、费用均为广义的概念。在实际工作中，由于收入不包括处置固定资产净收益、固定资产盘盈、出售无形资产收益等（营业外收入），费用也不包括处置固定资产净损失、自然灾害损失（营业外支出），所以，收入减去费用，并经过调整后，即考虑利得和损失，才等于利润。收入、费用和利润之间的关系，是企业编制利润表的基础。

（三）（资产＝负债＋所有者权益）与（收入－费用＝利润）的关系，即两张基础报表的钩稽关系

$$资产＝负债＋（所有者权益＋利润）$$
$$＝负债＋（所有者权益＋收入－费用）$$
$$＝负债＋所有者权益＋（收入－费用）$$

四、本章习题

（一）单项选择题

1. 会计对象是企事业单位的（　　）。
   A. 资金运动　　　　B. 经济活动　　　C. 经济资源　　　D. 劳动成果
2. 所有者权益金额是（　　）后的余额。
   A. 资产减负债　　　B. 收入减支出　　C. 资产加收入　　D. 利润减负债
3. 下列（　　）属于企业的流动资产。
   A. 存货　　　　　　B. 厂房　　　　　C. 机器设备　　　D. 专利权
4. 下边列各项中属于企业资产的是（　　）。
   A. 应付账款　　　　B. 实收资本　　　C. 销售收入　　　D. 原材料
5. 最基本的会计等式是（　　）。
   A. 收入－费用＝利润　　　　　　　　B. 收入－成本＝利润
   C. 资产＝负债＋所有者权益　　　　　D. 资产＋负债＝所有者权益
6. 企业期末所有者权益总额等于（　　）。
   A. 期末资产－期末负债　　　　　　　B. 本期收入－本期费用
   C. 期末资产－本期费用　　　　　　　D. 期末负债＋本期费用
7. 某企业6月初的资产总额为60 000元，负债总额为25 000元。6月取得收入共计28 000元，发生费用共计18 000元，则6月末该企业的所有者权益总额为（　　）。
   A. 85 000元　　　B. 35 000元　　　C. 10 000元　　　D. 45 000元
8. 某企业年初资产总额为126 000元，负债总额为48 000元。本年度取得收入共计89 000元，发生费用共计93 000元，月末负债总额为50 000元，则该企业年末资产总额为（　　）。
   A. 124 000元　　　B. 122 000元　　　C. 128 000元　　　D. 131 000元
9. 企业月初资产总额300万元，本月发生下列经济业务：①赊购材料10万元；②用银行存款偿还短期借款20万元；③收到购货单位偿还欠款15万元存入银行，则月末资产总额为（　　）元。
   A. 310万　　　　　B. 290万　　　　　C. 295万　　　　　D. 305万

10. 下列各会计要素，（　　）不是反映财务状况的会计要素。
    A. 资产　　　　　　B. 负债　　　　　C. 收入　　　　　D. 所有者权益

11. 下列各会计要素中，（　　）不属于所有者权益。
    A. 资本公积　　　　B. 盈余公积　　　C. 未分配利润　　D. 累计折旧

12. 投资人投入的资金和债权人投入的资金，投入企业后，形成企业的（　　）。
    A. 成本　　　　　　B. 费用　　　　　C. 资产　　　　　D. 负债

13. 资金的循环与周转过程不包括（　　）。
    A. 供应过程　　　　B. 生产过程　　　C. 销售过程　　　D. 分配过程

14. 下列经济业务中，（　　）不会发生。
    A. 资产增加，权益增加　　　　　　　B. 资产减少，权益增加
    C. 权益不变，资产有增有减　　　　　D. 资产不变，权益有增有减

15. 某账户的期初余额为 500 元，期末余额为 3 000 元，本期减少发生额为 800 元，则本期增加发生额为（　　）元。
    A. 4 300　　　　　　B. 2 200　　　　　C. 1 700　　　　　D. 3 300

（二）多项选择题

1. 收入的特点有（　　）。
   A. 可能带来资产增加　　　　　　　　B. 可能使负债减少
   C. 一定会导致所有者权益的增加　　　D. 可能会引起费用的减少

2. 下列业务中，属于资金退出的有（　　）。
   A. 购买材料　　　　B. 缴纳税金　　　C. 分配利润　　　D. 银行借款

3. 下列属于会计等式的是（　　）。
   A. 本期借方发生额合计 = 本期贷方发生额合计
   B. 本期借方余额合计 = 本期贷方余额合计
   C. 资产 = 负债 + 所有者权益
   D. 收入 – 费用 = 利润

4. 下列各项目中属于会计要素的是（　　）。
   A. 资产　　　　　　B. 利润　　　　　C. 资本　　　　　D. 成本

5. 下列各要素中，以会计等式为理论根据的有（　　）。
   A. 复式记账　　　　B. 成本计算　　　C. 试算平衡　　　D. 编制会计报表

6. 下列各要素中，因收入的取得而可能发生影响的要素有（　　）。
   A. 资产　　　　　　B. 负债　　　　　C. 所有者权益　　D. 利润

7. 反映企业财务状况的会计要素包括（　　）。
   A. 资产　　　　　　B. 收入　　　　　C. 费用　　　　　D. 所有者权益

8. 反映企业经营成果的会计要素包括（　　）。

A. 负债　　　　　　B. 资产　　　　　　C. 利润　　　　　　D. 费用

9. 企业所有者权益包括（　　）。

A. 未分配利润　　　B. 盈余公积　　　C. 股本　　　　　D. 资本公积

10. 企业资产按其流动性可分为（　　）。

A. 固定资产　　　　B. 流动资产　　　C. 无形资产　　　D. 非流动资产

11. 下列项目中属于负债的是（　　）。

A. 应付账款　　　　B. 应付利息　　　C. 预付账款　　　D. 短期借款

12. 收入包括（　　）。

A. 商品销售收入

B. 劳务收入

C. 营业外收入

D. 他人使用本企业资产所取得的租金收入

13. 企业发生费用的同时，可能会引起（　　）。

A. 资产的增加　　　B. 资产的减少　　　C. 负债的增加　　　D. 负债的减少

14. 下列各会计要素中，属于资金运动静态表现的是（　　）。

A. 资产　　　　　　B. 负债　　　　　　C. 所有者权益　　　D. 费用

15. 资金运动包括（　　）。

A. 资金的投入　　　　　　　　　　B. 资金的循环与周转

C. 资金的退出　　　　　　　　　　D. 资金的积累

（三）判断题

1. 遵循历史成本计价原则，物价变动时，除国家另有规定外，不得调整各项财产物资的账面价值。（　　）

2. 签订经济合同是一项经济活动，因此属于会计对象。（　　）

3. 凡是特定对象中能够以货币表现的经济活动，都是会计对象。（　　）

4. "资产 = 负债 + 所有者权益"这个平衡公式是企业资金运动的动态表现。（　　）

5. 会计要素是对会计对象的基本分类。（　　）

6. 资产是指由于过去、现在、未来的事项和交易形成并由企业拥有或控制的经济资源，该资源预期会给企业带来经济利益。（　　）

7. 负债是指过去交易、事项形成的现时义务，履行该义务预期会导致经济利益流出。（　　）

8. 凡是属于企业的资产，其所有权一定归企业。（　　）

9. 资产与权益恒等式关系是复式记账法的理论基础，也是企业编制资产负债表的依据。（　　）

10. 收入减去费用等于利润的关系是企业编制利润表的基础。（　　）

11. 利润是企业的一项资产。 （　　）

12. 费用是企业在销售商品、提供劳务等日常活动中所发生的经济利益流出。 （　　）

13. 任何经济业务的发生都不会破坏会计基本等式的平衡关系。 （　　）

14. 负债是现在交易或事项所引起的现有义务。 （　　）

15. 企业的利得和损失应直接记入当期损益。 （　　）

五、案例分析

案例：以下会计事项发生后会计等式还继续相等吗

A公司1月份发生的全部经济业务如下。

1. 购买并收到商品存货5 000元，答应在30天内付款。

2. 成本为1 500元的商品存货售出，得到现金收入2 300元。

3. 成本为1 700元的商品存货售出，销售价格为2 620元，客户同意在30天内支付货款2 620元。

4. 购买了一份3年期火灾保险合同，支付现金1 224元。

5. 老板从A公司银行存款账户上取走了1 000元现金，以供个人消费之用。

6. 老板从A公司的存货中取走了成本为750元的商品，以供个人消费。

7. 老板将他拥有的公司1/3的股票转让出去得到现金11 000元。

8. 现金销售成本为850元的商品存货售价为1 310元。

问题：

（1）试分析以上发生的会计事项对会计等式或资产负债表的影响。

（2）登记完这些事项后，请用正确的格式为公司编制一张资产负债表。

六、参考答案

（一）单项选择题

1. A 2. A 3. A 4. D 5. C 6. A 7. D 8. A 9. B 10. C 11. D 12. C 13. D 14. B 15. D

（二）多项选择题

1. ABC 2. BC 3. CD 4. AB 5. ACD 6. ABCD 7. AD 8. CD 9. ABCD 10. BD 11. ABD 12. ABD 13. BC 14. ABC 15. ABC

（三）判断题

1. √ 2. × 3. √ 4. × 5. √ 6. × 7. √ 8. × 9. √ 10. √ 11. × 12. √ 13. √ 14. × 15. ×

七、案例分析提示

1. 购买并收到商品存货 5 000 元，答应在 30 天内付款。

存货增加 5 000 元，同时应付账款增加 5 000 元，资产 = 权益。

2. 成本为 1 500 元的商品存货售出，得到现金收入 2 300 元。

现金增加 2 300 元，库存商品减少 1 500 元，资产总额增加 800 元；主营业务收入增加 2 300 元，主营业务成本增加 1 500 元，导致利润增加 800 元，即所有者权益增加 800 元；资产 = 权益。

3. 成本为 1 700 元的商品存货售出，销售价格为 2 620 元，客户同意在 30 天内支付货款 2 620 元。

应收账款增加 2 620 元，库存商品减少 1 700 元，资产总额增加 920 元；同时主营业务收入增加 2 620 元，主营业务成本增加 1 700 元，导致利润增加 920 元；资产 = 权益。

4. 购买了一份 3 年期火灾保险合同，支付现金 1 224 元。

长期待摊费用增加 1 224 元，库存现金减少 1 224 元，资产总额不变；资产 = 权益。

5. 老板从 A 公司银行存款账户上取走了 1 000 元现金，以供个人消费之用。

其他应收款增加 1 000 元，现金减少 1 000 元，资产总额不变；资产 = 权益。

6. 老板从 A 公司的存货中取走了成本为 750 元的商品，以供个人消费。

其他应收款增加 750 元，库存商品减少 750 元，资产总额不变；资产 = 权益。

7. 老板将他拥有的公司 1/3 的股票转让出去得到现金 11 000 元。

不做会计处理。

8. 现金销售成本为 850 元的商品存货售价为 1 310 元。

现金增加 1 310 元，库存商品减少 850 元，资产增加 460 元；同时主营业务收入增加 1 310 元，主营业务成本增加 850 元，利润增加 460 元，导致所有者权益增加 460 元；资产 = 权益。

第四章 账户和借贷记账法

一、本章学习目标

通过本章的学习，应掌握账户的概念、基本结构及账户与会计科目的关系；掌握借贷记账法的原理和特点及其简单应用、会计分录的编制；试算平衡方法。熟悉常用的会计科目。

二、本章知识结构

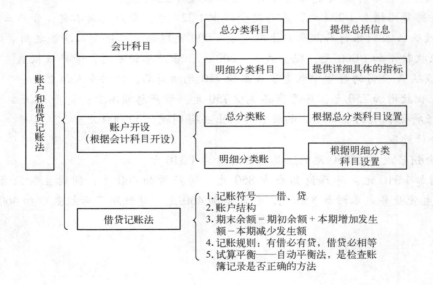

三、本章重点、难点分析

- ★ 会计科目的理解
- ★ 账户的基本结构
- ★ 借贷记账法的运用

（一）什么是会计科目？它有哪些类别？

1. 会计科目的概念

会计科目是对会计要素的具体内容进行分类核算的项目。会计对象的具体内容非常广泛，它们往往具有不同的性质、不同的形态、不同的作用和不同的管理要求。会计要素是对会计对象的基本分类，为了提供详细、具体的经济信息，还需要在基本分类的基础上作进一步的分类。比如，固定资产和现金虽然都是资产，但它们的形态不同，现金是货币形态，固定资产是物资形态；经济用途不同，现金主要是作为交换和流通的手段为生产经营活动准备条件，而固定资产则直接用于生产经营活动；管理要求不同，现金由于其流动性最强，最容易被挪用和侵吞，因此必须建立一套完善而严密的现金管理制度，以确保现金的安全与完整，固定资产由于具有实物形态，因此不仅要对其进行价值管理，还要加强实物上的保管。为了使会计信息使用者了解这些具体而详细的资料，会计核算有必要对会计要素按其性质和用途等作进一步分类，将性质、具体内容相同的归为一类，设立一个科目，凡是具备这些特征的业务都在这个项目下核算。

设置会计科目在会计核算中的意义非常重要。通过设置会计科目，可以把各项会计要素的增减变动分门别类地记在账上，清楚地为各会计主体的内部经营管理和外部有关方面提供一系列具体的、分类的数量指标和全面准确的会计信息；会计科目是设置账户、处理账务的依据，编制报表的基础，是正确组织会计核算的重要依据。

2. 会计科目的分类（注意分类标准）

（1）会计科目按其所提供信息的详细程度及其统驭关系不同，分为总分类科目和明细分类科目。

总分类科目是对会计要素具体内容进行总括分类、提供总括信息的会计科目，如"应收账款"、"应付账款"、"原材料"等。明细分类科目是对总分类科目作进一步分类、提供更详细、更具体会计信息的科目，如"应收账款"科目按债务人名称或姓名设置明细科目，反映应收账款的具体对象。对于明细科目较多的总账科目，可在总分类科目与明细科目之间设置二级或多级科目。

注意　并不是所有的总分类科目都有明细科目，如库存现金、累计折旧等科目。

（2）会计科目按其所归属的会计要素不同分类。

对于执行《企业会计准则》的企业，分为资产类、负债类、共同类、所有者权益类、成本类和损益类六大类。

对于未执行《企业会计准则》的企业，分为资产类、负债类、所有者权益类、成本类和损益类五大类。

共同类科目是指可能具有资产的性质，也可能具有负债的性质的科目，其性质取决于科目核算的结果：当核算结果出现借方余额，就叫作资产类科目；如果核算结果出现贷方余额，则叫作负债类科目。

我国新发布的《企业会计准则应用指南》就是按照上述分类进行的。账户是根据会计科目设置的。有什么科目就有什么账户，因此，账户的分类与科目的分类一致。

（二）账户的基本结构的理解

（1）账户的结构是指在账户中如何记录经济业务，用以反映特定的经济内容，以便取得各种必要的指标。

账户必须分为左右两方，一方登记增加，另一方登记减少，同时，还需要反映增减变动后的结果，即余额。采用不同的记账方法，账户的结构是不同的，即使采用同一种方法，账户性质不同，其结构也是不同的。但是，不管采用何种记账方法，也不论是何种性质的账户，其基本结构总是相同的。账户的基本结构就是账户哪一方登记增加，哪一方登记减少，余额在哪一方，表示什么内容。

（2）账户的格式设计所包括的内容主要有四部分：①账户的名称，即会计科目；②日期和摘要即经济业务的发生时间和内容；③凭证号数即账户记录的来源和依据；④增加和减少的金额及余额。账户左右两方记录的主要内容是增加额和减少额。增减相抵后的差额，即为账户余额。因此在每个账户中所记录的金额，可以分为期初余额、本期增加额、本期减少额和期末余额。本期增加额和本期减少额是指在一定的会计期间内，账户在左右两方分别登记的增加额合计和减少额合计，也称为本期增加发生额和本期减少发生额。本期增加发生额和本期减少发生额相抵后的差额即为本期的期末余额。如果将本期的期末余额转入下一期，就是下一期的期初余额。它们之间的关系是：

$$本期期末余额 = 期初余额 + 本期增加发生额 - 本期减少发生额$$

账户的左右两方是按相反方向来记录增加额和减少额的，也就是说，如果账户左方记录增加额，则在右方记录减少额；反之，如果账户在右方记录增加额，则在左方记录减少额。在每一个具体账户的左右两方中，究竟哪一方记录增加额，哪一方记录减少额，取决于所采用的记账方法和账户所记录的经济内容。账户的余额一般与记录增加额在同一个方向。

★ 怎样更容易记忆各类账户的增加、减少金额记入哪方？下面有一个简单的记忆方法。

首先，把会计的两个等式综合后可以得到等式：

$$资产 + 费用（成本） = 负债 + 所有者权益 + 收入$$

借	贷
资产、费用（成本）增加	资产、费用（成本）减少
负债、所有者权益、收入减少	负债、所有者权益、收入增加

以"＝"为中心，凡是位于等式左方的资产、费用（成本）类账户增加记入"借方"；凡是位于等式右方的负债、所有者权益、收入类账户增加记入"贷方"；减少就记入反方向。账户的余额一般在其增加方。

总结：

（1）资产、负债、所有者权益类：①时点数；②一般有余额；③考虑要素增减变动及余额；④为编制资产负债表提供依据。

（2）成本类——按产品或服务对象归集其费用。

（3）损益类：①时期数；②一般无余额；③归集一定期间的发生额；④为编制利润表提供依据。

（三）借贷记账法的运用

借贷记账法以"借""贷"二字作为记账符号，这并不是"纯粹的""抽象的"记账符号，而是具有深刻经济内涵的科学的记账符号。从字面含义上看，"借""贷"二字的确是历史的产物，其最初的含义同债权和债务有关。随着商品经济的发展，借贷记账法得到广泛的运用，记账对象不再局限于债权、债务关系，而是扩大到要记录财产物资增减变化和计算经营损益。原来仅限于记录债权、债务关系的"借""贷"二字已不能概括经济活动的全部内容。它表示的内容应该包括全部经济活动资金运动变化的来龙去脉，它们逐渐失去了原来字面上的含义，并在原来含义的基础上进一步升华，获得了新的经济含义。

（1）代表账户中两个固定的部位。一切账户，均需设置两个部位记录某一具体经济事项数量上的增减变化（来龙去脉），账户的左方一律称为借方，账户的右方一律称为贷方。

（2）具有一定的、确切的、深刻的经济含义。"贷"字表示资金运动的"起点"（出发点），即表示会计主体所拥有的资金（某一具体财产物资的货币表现）的"来龙"（资金从哪里来）；"借"字表示资金运动的"驻点"（即短暂停留点，因资金运动在理论上没有终点），即表示会计主体所拥有的资金的"去脉"（资金的用途、去向或存在形态）。这是由资金运动的内在本质决定的。会计既然要全面反映与揭示会计主体的资金运动，在记账方法上就必须体现资金运动的本质要求。在工业企业的会计对象中具体的运用如下。

（1）资金流入企业的业务。即资产与负债、所有者权益同时增加。资产增加记入有关账户的"借方"，负债和所有者权益增加记入有关账户的"贷方"。

（2）资金在企业内部流动的业务。即资产、收入和费用之间或资产要素内部的增减。资产和费用的增加及收入减少记入相关账户的"借方"，收入增加及资产和费用的减少记入相关账户的"贷方"。

（3）权益转化的业务。即负债、所有者权益和利润三者之间或一个要素内部有增有减。负债、所有者权益的增加及利润的增加记入相关账户的"贷方"，利润减少及负债、所有者权益的减少则记入相关账户的"借方"。

（4）资金退出企业的业务。即资产和负债、所有者权益同时减少。资产减少记入有关账户的"贷方",负债及所有者权益减少则记入有关账户的"借方"。由此可以看出,每类业务都要同时记入有关账户的借方和另一些账户的贷方,且记入双方的金额相等。

四、本章习题

(一) 单项选择题

1. 在账户中,用借方和贷方登记资产、负债、所有者权益的增加、减少数额,说法正确的是 (　　　)。

　　A. 借方登记资产、负债及所有者权益的增加,贷方登记其减少

　　B. 借方登记资产、负债及所有者权益的减少,贷方登记其增加

　　C. 借方登记资产的增加、负债及所有权益的减少,贷方反之

　　D. 借方登记负债的减少、资产及所有者权益的增加,贷方反之

2. 采用借贷记账法时,资产类账户的结构特点是 (　　　)。

　　A. 借方登记增加、贷方登记减少,期末余额在借方

　　B. 借方登记减少、贷方登记增加,期末余额在贷方

　　C. 借方登记增加、贷方登记减少,期末一般无余额

　　D. 借方登记减少、贷方登记增加,期末一般无余额

3. 采用借贷记账法时,负债类账户的结构特点是 (　　　)。

　　A. 借方登记增加、贷方登记减少,期末余额在借方

　　B. 借方登记减少、贷方登记增加,期末余额在贷方

　　C. 借方登记增加、贷方登记减少,期末一般无余额

　　D. 借方登记减少、贷方登记增加,期末一般无余额

4. 采用借贷记账法时,损益支出类账户的结构特点是 (　　　)。

　　A. 借方登记增加、贷方登记减少,期末余额在借方

　　B. 借方登记减少、贷方登记增加,期末余额在贷方

　　C. 借方登记增加、贷方登记减少,期末一般无余额

　　D. 借方登记减少、贷方登记增加,期末一般无余额

5. 企业购入材料价值 5 000 元,其中 3 000 元以银行存款支付,余款未付。不考虑相关税费应做一笔 (　　　)。

　　A. 一借一贷　　　　B. 一借多贷　　　　C. 多借多贷　　　　D. 一贷多借

6. 企业 5 月份发生销售费用 50 万元,月末应结平"销售费用"账户,则"销售费用"账户 (　　　)。

　　A. 月末借方余额 50 万元　　　　　　B. 月末贷方余额 50 万元

　　C. 本期贷方发生额 50 万元　　　　　D. 以上都不对

7. 某企业"原材料"账户月初余额为 380 000 元,本月验收入库的原材料共计 240 000 元,发出材料共计 320 000 元。则该企业"原材料"月末余额为 (   )。

    A. 余额在借方,金额为 460 000 元

    B. 余额在贷方,金额为 460 000 元

    C. 余额在借方,金额为 300 000 元

    D. 余额在贷方,金额为 300 000 元

8. 复合会计分录是指 (   )。

    A. 涉及四个账户的会计分录

    B. 涉及两个或两个以上账户的会计分录

    C. 涉及三个或三个以上账户的会计记录

    D. 涉及四个或四个以上账户的会计记录

9. 简单会计分录是指 (   )。

    A. 一借一贷的会计分录   B. 一借多贷的会计分录

    C. 一贷多借的会计分录   D. 多借多贷的会计分录

10. 在借贷记账法下,余额试算平衡法的平衡公式是 (   )。

    A. 全部总分类账户的借方发生额合计 = 全部总分类账户的贷方发生额合计

    B. 全部总分类账户的借方期初余额合计 = 全部总分类账户的借方期末余额合计

    C. 全部总分类账户的贷方期初余额合计 = 全部总分类账户的贷方期末余额合计

    D. 全部总分类账户的借方期末余额合计 = 全部总分类账户的贷方期末余额合计

11. 复式记账法的基本理论依据是 (   ) 的平衡原理。

    A. 收入 − 费用 = 利润

    B. 资产 = 负债 + 所有者权益

    C. 期初余额 + 本期增加数 − 本期减少数 = 期末余额

    D. 借方发生额 = 贷方发生额

12. 下列关于借贷记账法的表述中,正确的是 (   )。

    A. 在借贷记账法下,"借"表示增加、"贷"表示减少

    B. 在借贷记账法下,资产增加记借方,负债减少记贷方

    C. 在借贷记账法下,可以利用试算平衡检查出所有记账错误

    D. 借贷记账法是复式记账法的一种

13. 账户发生额试算平衡方法是根据 (   ) 来决定的。

    A. 借贷记账法的记账规则   B. 资产 = 负债 + 所有者权益

    C. 收入 − 费用 = 利润   D. 平行登记原则

14. 设置账户是 (   ) 的重要方法之一。

    A. 会计监督   B. 会计决策   C. 会计分析   D. 会计核算

15. 在复合会计分录"借:固定资产 50 000;贷:银行存款 30 000,贷:应付账款

20 000"中,"银行存款"账户的对应账户是( )。

  A. "应付账款"   B. "银行存款"

  C. "固定资产"   D. "固定资产"和"银行存款"

  16. 根据资产与权益的恒等关系及借贷记账法的记账规则,检查所有账户记录是否正确的过程称为( )。

  A. 复式记账   B. 对账   C. 试算平衡   D. 查账

  17. 账户的"期末余额"一般在( )。

  A. 账户的左方   B. 账户的右方   C. 增加方   D. 减少方

  18. 下列记账错误中,不能通过试算平衡发现的是( )。

  A. 将某一账户的发生额 500 元,误写成 5 000 元

  B. 漏记了某一账户的发生额

  C. 将应记入"管理费用"账户的借方发生额,误记入"制造费用"账户的借方发生额

  D. 重复登记了某一账户的发生额

  19. 在交易或事项处理过程中,会形成账户的对应关系,这种关系是指( )。

  A. 总分类账户与总分类科目之间的关系

  B. 总分类账户与明细分类账户之间的关系

  C. 总分类科目与总分类科目之间的关系

  D. 有关账户之间的应借应贷关系

  20. 年末所有损益类账户的余额均为零,表明( )。

  A. 当年利润一定是零

  B. 当年利润一定是正数

  C. 当年利润一定是负数

  D. 损益类账户在结账时均已转入"本年利润"账户

(二)多项选择题

  1. 在下列账户中与资产类账户结构相反的是( )账户。

  A. 负债   B. 成本   C. 收入   D. 所有者权益

  2. 在下列账户中,属于损益类账户的是( )。

  A. 所得税费用 B. 投资收益 C. 制造费用 D. 生产成本 E. 管理费用

  3. 在下列账户中,属于所有者权益账户的是( )。

  A. 长期投资 B. 实收资本 C. 资本公积 D. 盈余公积

  4. 关于会计科目,下列说法正确的有( )。

  A. 会计科目是对会计要素的进一步分类

  B. 会计科目按其提供信息的详细程度及其统驭关系不同,分为总分类科目和明细分

类科目

    C. 会计科目可以根据企业的具体情况自行设定

    D. 会计科目是设置账户的依据

5. 在下列各项经济业务中，不影响资产总额的有（　　　　）。

    A. 用银行存款购入原材料

    B. 向供货单位赊购商品

    C. 从银行提取现金

    D. 用银行存款归还应付账款

6. 会计科目按其所提供信息的详细程度及其统驭的关系不同，可以分为（　　　　）。

    A. 总分类科目　　　　B. 明细分类科目　　　　C. 权益类科目　　　　D. 利润类科目

7. 账户一般可以提供的金额指标有（　　　　）。

    A. 期初余额　　　　B. 本期增加发生额　　C. 期末余额　　　　　D. 本期减少发生额

8. "固定资产——房屋建筑物"属于（　　　）科目。

    A. 资产类　　　　　　B. 所有者权益类　　　C. 总分类　　　　　D. 明细分类

9. 总分类账户与明细分类账户的区别在于（　　　　）。

    A. 反映经济业务内容的详细程度不同

    B. 反映的经济业务内容不同

    C. 登记账簿的依据不同

    D. 作用不同

10. 账户一般应包括下列内容中的（　　　　）。

    A. 账户名　　　　　　　　　　　　B. 日期和摘要

    C. 增加和减少的金额及余额　　　　D. 凭证号数

11. 账户分为左、右两方，至于哪一方登记增加，哪一方登记减少，取决于（　　　　）。

    A. 所记录的经济业务的内容　　　　B. 企业经营管理的需要

    C. 会计核算手段　　　　　　　　　D. 账户性质

12. 下列对会计科目和会计账户之间的关系表述正确的是（　　　　）。

    A. 两者都是对会计对象具体内容的科学分类

    B. 两者口径一致，性质相同

    C. 会计科目是会计账户的名称

    D. 会计账户具有一定的格式和结构，而会计科目不具有格式和结构

13. 总分类账户与明细分类账户的区别是（　　　　）。

    A. 反映经济业务内容的详细程度不同

    B. 作用不同，总账总括记录经济业务，明细账详细记录经济业务

    C. 记录的经济业务内容不同

    D. 登记账簿的依据不同

14. 总分类账户与明细分类账户的联系是（　　　）。
    A. 反映经济业务内容的详细程度相同
    B. 记录的经济业务内容相同
    C. 总账对明细分账具有统驭控制作用
    D. 明细分类账户对总分类账户具有补充说明的作用

15. 下列（　　　）错误无法通过试算平衡查找。
    A. 漏记某项经济业务　　　　　　B. 重记某项经济业务
    C. 借贷方向彼此颠倒　　　　　　D. 方向正确但错记账户

（三）判断题

1. 会计科目是对会计对象的具体内容进行分类核算的项目。（　　　）
2. 账户对应关系是指两个账户之间的应借应贷关系。（　　　）
3. 会计科目与会计账户是同义词，两者没有什么区别。（　　　）
4. 总分类账期末余额应与所属明细分类账户期末余额合计数相等。（　　　）
5. 账户的余额一般和账户增加额的方向相一致。（　　　）
6. 任何一项经济业务都不会破坏会计等式的平衡关系，只会使资产和权益总额发生同增或同减的变化。（　　　）
7. 收入和费用的增加，实质上都是所有者权益的增加。（　　　）
8. 明细科目对总分类科目起着补充说明和统驭控制的作用。（　　　）
9. 期末进行试算平衡时，发现所有总分类账户的本期借方发生额合计数与所有总分类账户的本期贷方发生额合计数不相等，则说明账户记录不正确。（　　　）
10. 总分类科目下设的明细分类科目太多时，可在总分类科目与明细分类科目之间设置二级科目。（　　　）
11. 总分类科目是对会计对象进行的总括分类、提供总括信息的会计科目。（　　　）
12. 在我国，会计科目的名称、编号及其说明，主要是通过国家统一会计制度来进行规范的。（　　　）
13. 根据总分类科目设置的账户称为总分类账户，根据明细分类科目设置的账户称为明细分类账户。（　　　）
14. 会计科目是会计账户的名称，也是设置会计账户的依据。（　　　）
15. 一般而言，费用（成本）类账户结构与权益类账户结构相同。（　　　）

（四）业务计算题

习题一

（一）目的：练习会计基本等式。

（二）资料：某企业月末各项资料如下。

1. 银行里的存款 120 000 元。

2. 向银行借入半年期的借款 500 000 元。

3. 出纳处存放现金 1 500 元。

4. 仓库里存放的原材料 519 000 元。

5. 仓库里存放的产成品 194 000 元。

6. 正在加工中的产品 75 500 元。

7. 应付外单位货款 80 000 元。

8. 向银行借入两年期的借款 600 000 元。

9. 房屋及建筑物 420 000 元。

10. 所有者投入资本 7 000 000 元。

11. 机器设备 2 500 000 元。

12. 应收外单位货款 100 000 元。

13. 以前年度尚未分配的利润 750 000 元。

14. 期末盈余公积 3 100 000 元。

（三）要求

1. 判断上列资料中各项目的类别（资产、负债、所有者权益）并将各项目金额一并填入表4–1。

表4–1

习题一表

项　目	金　额		
	资　产	负　债	所有者权益
合　计			

2. 计算表内资产总额、负债、所有者权益总额是否符合会计基本等式。

习题二

（一）目的：练习资金变化类型。

（二）资料：某企业发生经济业务如下。

1. 用银行存款购买材料。

2. 用银行存款支付前欠 A 单位货款。

3. 用盈余公积金弥补亏损。

4. 向银行借入长期借款，存入银行。

5. 收到所有者投入的设备。

6. 向国外进口设备，款未付。

7. 用银行存款归还长期借款。

8. 企业以固定资产向外单位投资。

9. 用银行借款归还前欠 B 单位货款。

10. 经批准用企业设备偿还其应付给其他单位欠款。

11. 将盈余公积金转作资本。

（三）要求：分析上列各项经济业务的类型，填入表4-2。

表4-2

习题二表

类　　型	经济业务序号
1. 一项资产增加，另一项资产减少	
2. 一项负债增加，另一项负债减少	
3. 一项所有者权益增加，另一项所有者权益减少	
4. 一项资产增加，一项负债增加	
5. 一项资产增加，一项所有者权益增加	
6. 一项资产减少，一项负债减少	
7. 一项资产减少，一项所有者权益减少	
8. 一项负债减少，一项所有者权益增加	
9. 一项负债增加，一项所有者权益减少	

习题三

（一）目的：练习会计基本等式。

（二）资料

1. 设 A 企业 2015 年 7 月初的资产、负债及所有者权益情况如表4-3 所示。

表4-3

习题三表（一）　　　　　　　　　　　　　　　　金额单位：元

资　　产	金　　额	负债及所有者权益	金　　额
库存现金	1 000		
银行存款	13 000	短期借款	100 000
应收账款	14 000	应付账款	25 000
其他应收款	2 000	应付职工薪酬	5 000
材料采购	10 000		130 000
生产成本	140 000	所有者权益	
原材料	50 000	实收资本	500 000
库存商品	70 000	盈余公积	50 000
固定资产	400 000	未分配利润	20 000
合　计	700 000	合　计	700 000

2. 该企业 7 月份内发生下列各项经济业务。

（1）向甲公司购入原材料一批，计价 20 000 元，材料验收入库，货款未付。

（2）生产车间领用材料 45 000 元投入生产。

（3）向银行借入短期借款 50 000 元存入银行。

（4）以现金暂付职工××出差费 1 000 元。

（5）以银行存款偿还前欠甲公司材料款 20 000 元

（6）收到 C 单位投入资本 30 000 元存入银行。

（7）收回乙公司前欠货款 12 000 元存入银行。

（8）从银行提取现金 1 000 元。

（9）以银行存款购入电子计算机一台，价值 20 000 元。

（10）以银行存款支付劳保医院医药费 5 000 元。

（三）要求：将资产、负债和所有者权益各项目的 7 月初金额和月内增减变化的金额填入表 4-4，同时计算出期末余额和合计数。

表 4-4

习题三表（二）　　　　　　　金额单位：元

资　　产	期初数	本月增加数	本月减少数	月末余额	负债及所有者权益	期初数	本月增加数	本月减少数	月末余额
库存现金					负债				
银行存款					短期借款				
应收账款					应付账款				
其他应收款					应付福利费				
材料采购					负债合计				
生产成本					所有者权益				
原材料					实收资本				
库存商品					盈余公积				
固定资产					未分配利润				
					所有者权益合计				
总计					总计				

习题四

（一）目的：计算账户中的有关数据。

（二）资料：见表 4-5。

表 4-5

账户资料

金额单位：元

账户名称	期初余额	本期增加发生额	本期减少发生额	期末余额
银行存款	430 000	1 985 000	2 040 000	
固定资产	2 400 000		496 000	1 920 000
短期借款		260 000	160 000	300 000
应付账款	230 000	200 000		55 000

（三）要求：根据上列账户中的有关数据计算每个账户的未知数据。

五、案例分析

案例 1：会计科目的准确运用

小王办了一家个体加工厂，因他没有接受过会计知识培训，他认为只要一借一贷就可以，于是他对本厂的业务是这样记录的。①赊购原材料，价值 10 000 元，用于生产产品，借：生产成本 10 000 元，贷：应收账款 10 000 元；②向银行贷款 50 000 元，购买机器一台，借：固定资产 50 000 元，贷：银行存款 50 000 元；③收到投资人投入现金 100 000 元，借：现金 100 000 元，贷：资本公积 100 000 元；④支付业务招待费 1 000 元，借：财务费用 1 000 元，贷：银行存款 1 000 元。请向小王解释记录的错误，并帮助改正。

案例 2：会计账户与会计科目的异同

两位初学会计的学员在一起讨论会计账户与会计科目是不是一回事。

甲学员说："因为账户是依据会计科目设置的，因此，会计账户与会计科目就是一回事。"

乙学员说："你说得不正确，因为会计科目具有一定的结构，而会计账户只是一个项目，会计账户没有结构。因此二者根本就不是一回事。"

乙学员说："会计账户是对会计对象具体内容的分类，而会计科目是对会计要素的分类，因此二者不是一回事。"

根据此案例分析说明甲、乙两位学员的说法是否正确，如不正确请说明理由。

案例 3：试算平衡了就表示记账正确吗

陈会计的朋友经营一间公司，公司原来的张会计因为工作调动离开了公司，请陈会计临时帮助将公司当月账目结清。陈会计将张会计已编制好的凭证逐一登记入账后，进行试算平衡，并按规定填报了有关报表资料。过了几天，出纳员从银行取回了银行对账单，出纳员在对账时发现，银行存款的余额比企业的账面余额多了 9 000 元。经过逐笔核对银行存款收支业务后发现，当月一笔销售业务通过银行转账收款 10 000 元，但公司原来的会计将这笔业务误记为 1 000 元。出纳员感到奇怪，陈会计在结账时明明已经进行了试算平衡，为什么没有发现这个问题？

六、参考答案

（一）单项选择题

1. C　2. A　3. B　4. C　5. B　6. D　7. C　8. C　9. A　10. D　11. B　12. D　13. A　14. D　15. C　16. C　17. C　18. C　19. D　20. D

（二）多项选择题

1. ACD　2. ABE　3. BCD　4. ABD　5. AC　6. AB　7. ABCD　8. AD　9. AD　10. ABCD　11. AD　12. ABCD　13. AB　14. BCD　15. ABCD

（三）判断题

1. √　2. ×　3. ×　4. √　5. √　6. √　7. ×　8. ×　9. √　10. √　11. ×　12. √　13. √　14. √　15. ×

（四）业务计算题

习题一答案见表4-6。

表4-6

习题一答案　　　　　　　　　　　　　　　金额单位：元

项　目	金　额		
	资产	负债	所有者权益
1. 银行存款	120 000		
2. 银行存款	500 000		
短期借款		500 000	
3. 库存现金	1 500		
4. 原材料	519 000		
5. 库存商品	194 000		
6. 在产品	75 500		
7. 应付账款		80 000	
8. 长期借款		600 000	
银行存款	600 000		
9. 固定资产	420 000		
10. 实收资本			7 000 000
银行存款	7 000 000		
11. 固定资产	2 500 000		
12. 未分配利润			750 000
13. 应收账款	100 000		
14. 盈余公积			3 100 000
合　计	12 030 000	1 180 000	10 850 000

习题二答案见表 4-7。

表 4-7

习题二答案

类 型	经济业务序号
1. 一项资产增加，另一项资产减少	1. 8.
2. 一项负债增加，另一项负债减少	9.
3. 一项所有者权益增加，另一项所有者权益减少	11. 3.
4. 一项资产增加，一项负债增加	4. 6.
5. 一项资产增加，一项所有者权益增加	5.
6. 一项资产减少，一项负债减少	2. 7. 10.
7. 一项资产减少，一项所有者权益减少	
8. 一项负债减少，一项所有者权益增加	
9. 一项负债增加，一项所有者权益减少	

习题三答案见表 4-8。

表 4-8

习题三答案 金额单位：元

资 产	期初数金额	本月增加数	本月减少数	月末余额	负债及所有者权益	期初数	本月增加数	本月减少数	月末余额
库存现金	1 000	1 000	1 000		负债				
银行存款	13 000	50 000 30 000 12 000	20 000 1 000 20 000 5 000		短期借款	100 000	50 000		
应收账款	14 000		12 000		应付账款	25 000	20 000	20 000	
其他应收款	2 000	1 000			应付福利费	5 000		5 000	
材料采购	10 000				负债合计	130 000			
生产成本	140 000	45 000			所有者权益				
原材料	50 000	20 000	45 000		实收资本	500 000	30 000		
库存商品	70 000				盈余公积	50 000			
固定资产	400 000	20 000			未分配利润	20 000			
					所有者权益合计	570 000			
总计	700 000	179 000	104 000	775 000	总计	700 000	100 000	25 000	775 000

习题四答案见表4-9。

表4-9

习题四答案

金额单位：元

账户名称	期初余额	本期增加发生额	本期减少发生额	期末余额
银行存款	430 000	1 985 000	2 040 000	(375 000)
固定资产	2 400 000	(16 000)	496 000	1 920 000
短期借款	(200 000)	260 000	160 000	300 000
应付账款	230 000	200 000	(424 500)	55 000

七、案例分析提示

案例1

目前通用的记账方法是借贷复式记账法，是指在经济业务发生时要同时在两个或两个以上相互联系的账户中进行登记，以反映业务的来龙去脉。借贷记账法不是仅包括一借一贷，业务复杂的情况下还可以是一借多贷、一贷多借、多借多贷。小王的记录改正如下。

（1）赊购原材料，价值10 000元，用于生产产品，借：原材料10 000元，贷：应付账款10 000元。同时，借：生产成本10 000元，贷：原材料10 000元。

（2）向银行贷款50 000元，购买机器一台，借：银行存款50 000元，贷：长期借款50 000元。借：固定资产50 000元，贷：银行存款50 000元。

（3）收到投资人投入现金100 000元，借：现金100 000元，贷：实收资本100 000元。

（4）支付业务招待费1 000元，借：管理费用1 000元，贷：银行存款1 000元。

案例2

在会计实际工作中，账户通常也叫会计科目，但是在会计学中，账户和会计科目是两个不同的概念，两者之间既有联系又有区别。

（1）联系：账户和会计科目都是按照相同的经济内容来设置的，账户是根据会计科目开设的，会计科目是账户的名称，会计科目规定的核算内容就是账户记录和反映的经济内容。会计科目和账户在有关账页中有机结合，构成了会计账簿的统一体。

（2）区别：会计科目是按经济内容对会计要素的具体内容进行分类的项目名称，它只是对账户的核算内容进行高度抽象与概括，不存在结构问题；账户则是在会计科目分类的基础上，对由于经济业务引起的会计要素增减变动情况及其结果进行全面、系统的记录。因此，账户不仅要有反映的内容，还必须具备一定的结构。也可以说，账户是各个单位记录、加工、整理、汇总各种会计信息的载体，而会计科目则只是一个抽向概括的项目名称；会计科目由国家统一制定，并在会计制度中以科目表的形式列示，它的设置只是名称的限定，不构成会计核算的方法，而账户的设置则构成了会计核算的专门方法之一。

案例3

试算平衡是根据会计平衡公式，按照借贷记账法的记账规则要求来检查账户记录是否正确。若试算不平衡，可以肯定账户记录或计算有误；但若试算平衡，也不能肯定账户记录或计算正确。例如，一笔经济业务重记或漏记了，或两笔经济业务的记录方向正好相反，或金额差错恰好相互抵消等，通过试算平衡是不能发现的。因此，不能只根据试算借贷发生额或余额是否平衡作为判断记账正误的唯一尺度，还必须辅以其他检查方法。

第五章　企业基本经济业务的核算

一、本章学习目标

　　本章是教材的重点内容。通过企业主要经济业务的核算，较详细地阐述了账户和复式记账法的应用。通过本章的学习，要求进一步理解账户的设置和复式记账原理，并具体掌握账户和借贷记账法的应用。熟悉企业生产经营活动各过程涉及的具体业务核算。

二、本章知识结构

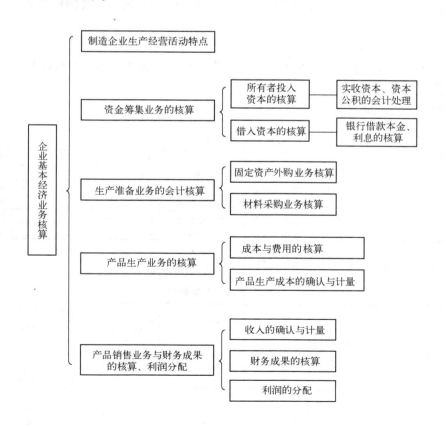

三、本章重点、难点分析

★ 制造企业供、产、销、利润形成及分配的核算，有关成本计算
★ 制造企业的产品生产过程、利润形成和分配的核算

（一）制造企业供、产、销、利润形成及分配的核算，有关成本计算

制造企业生产经营包括生产准备、产品生产和销售三个主要经营过程。生产准备过程主要是采购各种材料、购入机器设备形成生产储备；生产过程进行产品制造，归集与分配生产费用形成可供销售产成品；销售过程出售产品，取得销售收入，支付销售费用，计算销售利润，最终进行财务成果的计算与分配。

1. 资金筹集业务的核算

资产是资金的占用形态，负债和所有者权益是资金的来源渠道。企业筹集资金的主要渠道：①投资者投入的资本，通常称为实收资本，属于所有者权益；②向债权人借入的资金，属于企业的负债。

1）实收资本的核算

企业的实收资本按照投资主体的不同，分为国家投入资本、法人投入资本、个人投入资本和外商投入资本。

（1）设置账户，见表5-1。

表5-1
账户表

账　户	核算内容	发　生　额		余　额	
		借　方	贷　方	借　方	贷　方
实收资本	核算和监督企业接受投资者投入的实收资本的增减变动及其结果	登记所有者投资的减少额	登记所有者投资的增加额		所有者投资的实有数额
资本公积	接受投资时，核算投资者出资额超出其在注册资本或股本中所占份额的部分	登记资本公积的减少额	登记资本公积的增加额		资本公积的余额

（2）实收资本的账务处理，见表5-2。

表5-2
实收资本账务处理表

实收资本变动		非股份有限公司	股份有限公司
增资	货币出资	借：银行存款 　贷：实收资本 　　　资本公积——资本溢价	借：银行存款（实际收到的款项） 　贷：股本 　　　资本公积——股本溢价 借：资本公积——股本溢价 　贷：银行存款（发行费用）
	非货币出资	借：固定资产等 　贷：实收资本 　　　资本公积——资本溢价	借：固定资产 　贷：股本 　　　资本公积——股本溢价

续表

实收资本变动	非股份有限公司	股份有限公司
减资	借：实收资本 资本公积——资本溢价 贷：银行存款	借：库存股 　　贷：银行存款 借：股本资本公积—其他公积盈余公积 　　贷：库存股

2）借入资金的核算

（1）短期借款的核算。短期借款是企业向银行或其他金融机构借入的偿还期在一年以内（含一年）的借款。短期借款的核算包括取得借款、支付借款利息和归还借款本金三项主要内容。

① 设置账户，见表5-3。

表5-3

账户表

账　户	核算内容	发　生　额		余　额	
		借　方	贷　方	借　方	贷　方
短期借款	向银行或其他金融机构借入的偿还期在一年以内（含一年）的借款	登记短期借款本金的归还	登记短期借款的取得		期末尚未归还的短期借款的本金
财务费用	核算和监督企业为筹集生产经营所需资金等而发生的各种费用，包括利息支出和相关手续费支出等	登记发生的财务费用	期末结转"本年利润"的财务费用	无余额	
应付利息	预先分期计入各期成本费用，但在以后才实际支付的费用	登记实际支付的利息	登记的是预先按照一定的标准提取，应由各期成本费用负担的利息费用	实际支出数大于预提数的差额，实际上为待摊费用	已经预提但是尚未支付的费用

② 短期借款的账务处理，见表5-4。

表5-4

短期借款账务处理表

借入款项	借：银行存款 　贷：短期借款
计提利息	借：财务费用 　贷：应付利息
还本付息	借：短期借款 　　财务费用（当月） 　　应付利息 　贷：银行存款

（2）供应过程的核算。生产准备阶段涉及的常用会计科目及主要经济业务核算如下。

① 固定资产购入业务。

▲ 固定资产的概念：固定资产是指同时具有以下特征的有形资产：为生产商品、提供劳务、出租或经营管理而持有的；使用寿命超过一个会计年度。

固定资产的确认条件：与该固定资产有关的经济利益很可能流入企业；该固定资产的成本能够可靠地计量。

固定资产应当按照成本计量，固定资产的成本也称为原始价值，简称为原价或原值。外购固定资产的成本，包括购买价款、相关税费、使固定资产达到预定可使用状态前所发生的可归属于该项资产的运输费、装卸费、安装费和专业人员服务费等。

▲ 主要账户的设置。

● "固定资产"账户：本科目为资产类账户，用来核算企业固定资产原始价值的增减变动和结存情况。明细账按固定资产类别和项目设置。

● "银行存款"账户：本科目为资产类账户，用来核算企业存入银行或其他金融机构的各种存款。按开户银行和其他金融机构及存款的种类设置明细账。

● "库存现金"账户：本科目用来核算企业的库存现金。（旧准则为"现金"科目）。

② 材料采购业务。

▲ 主要账户的设置。

● "在途物资"账户：本科目为资产类账户，采用实际成本进行材料日常核算，购入材料的采购成本，在"在途物资"科目核算。

企业外购材料的成本由买价和采购费用组成，其中采购费用包括运输费、搬运费、装卸费、保险费和入库前的整理挑选费用等。期末余额一般在借方，表示尚未运达企业或已运达企业但尚未入库的在途材料的采购成本。本科目可按供应单位和材料品种进行明细核算。

● "原材料"账户：本科目为资产类账户，用来核算企业库存原材料的收入、发出、结存情况，具体包括原料及主要材料、辅助材料、外购半成品（外购件）、修理用备件、包装材料、燃料等的计划成本或实际成本。本科目可按材料的保管地点、类别、品种和规格等进行明细核算。期末借方余额，反映企业库存材料的计划成本或实际成本。

● "应付账款"账户：本科目为负债类账户，用来核算企业因购买材料、商品和接受劳务而应付给供应单位的款项。本科目按供应单位设置明细分类账。

● "应付票据"账户：本科目为负债类账户，用来核算企业因购买材料、商品和接受劳务供应而开出的商业汇票，包括银行承兑汇票和商业承兑汇票。

● "应交税费"账户：本科目为负债类账户，相当于过去的"应交税金"及"其他应交款"科目核算的部分内容，用来核算企业应交纳的各种税费，包括增值税、消费税、营业税、所得税、城市维护建设税及教育费附加等。借方登记实际交纳的各种税费；贷方登记应交纳的各种税费。期末余额如在借方，表示多交或尚未抵扣的税费；期末余额如在贷方，表示企业尚未交纳的税费。

注意 增值税纳税人分为一般纳税人和小规模纳税人，一般纳税人的基本税率为17%、低税率为13%；小规模纳税人无论是工业企业、商业企业，征收率为3%。一般纳税人企业发生符合条件的运费允许抵扣的进项税率为7%。

- "预付账款"账户，资产类账户，用来核算企业按照合同规定预付的款项。借方登记预付及补付的款项，贷方登记购进货物所需支付的款项及退回多余的款项。期末余额在借方，表示尚未结算的预付款项；期末余额在贷方，表示尚未补付的款项。本科目按供应单位设置明细分类账。

- ▲ 业务核算举例：主要是四种情况的核算，先收料后付款；先付款后收料；收料的同时支付货款；采用预付款项购货。要求掌握教材会计分录编制。

③ 材料采购成本的计算要求掌握教材例题会计分录编制。

- ▲ 外购材料的采购成本的主要内容有：材料的买价；采购费用，包括运杂费（运输费、装卸费、保险费、包装费等）、入库前的挑选整理费及其他相关税费。

- ▲ 凡是专门为采购某种材料而发生的采购费用，应直接计入该种材料的采购成本；对于不能直接归属于某一种材料的采购费用应按一定的标准，在有关的几种材料之间进行分配。分配的方法包括：材料的买价、材料重量或体积的比例。

- ▲ 采购成本结转程序有两种：一是逐批结转；二是月末汇总后一并结转。

（3）生产过程的核算。

① 生产费用及其分类。工业企业在一定时期内发生的能够用货币额表现的诸如固定资产的磨损、材料和劳动力的耗费等的各项生产耗费，叫作生产费用。

- 按其经济内容分为：材料费、工资费、折旧费、修理费、办公费、差旅费等。

- 按"稳健性原则"的要求分为：产品生产费用和期间费用。

- 产品生产费用按其计入成本的方式分为：直接费用和间接费用。

② 制造成本法与完全成本法。

- 将不包括期间费用的生产费用（称为制造费用）最终归集、分配到一定种类的产品上所形成的各种产品生产成本的计算方法，称为"制造成本法"。

- 将全部生产费用最终归集、分配到一定种类的产品上所形成的各种产品生产成本的计算方法，称为"完全成本法"。

- 我国《企业会计准则》规定，产品成本的计算方法采用"制造成本法"。

③ 产品生产业务的主要内容。在产品生产过程中制造费用的发生、归集和分配，以及产品生产成本的计算，就构成了产品生产业务核算的主要内容。

④ 材料费用的核算。

- 耗用的材料费用应按用途和领用部门归集计入生产成本、制造费用、管理费用等账户。

- 几种产品共同耗用的材料，应按适当的分配方法（如定额比例法）分配记入各种产品成本明细账。

- 根据领料凭证汇总编制发料凭证汇总表进行分配。

借：生产成本
　　制造费用
　　管理费用等
　贷：原材料

⑤ 人工费用的核算。

● 职工薪酬的内容：

☆ 职工工资、奖金；

☆ 津贴、补贴；

☆ 福利费；

☆ 工会经费；

☆ 职工教育经费；

☆ 社会保险费：如医疗保险费、养老保险费、失业保险费、工伤保险费和生育保险费；

☆ 其他。

● 账户设置。

"应付职工薪酬"账户：核算工资等薪酬的支付与分配。该账户应按工资、福利费等薪酬设置明细账进行明细核算。

　● 人工费用的列支。

产品生产工人的薪酬——生产成本

车间管理、技术人员的薪酬——制造费用

企业管理人员的薪酬——管理费用

月末，分配职工薪酬

借：生产成本——甲产品
　　　　　　——乙产品
　　制造费用
　　管理费用
　贷：应付职工薪酬

⑥ 制造费用的核算。

● 制造费用是生产车间为生产而发生的各种间接生产费用。内容包括：车间管理与技术人员的薪酬、车间的固定资产折旧费、间接材料费、水电费、办公费、劳动保护费，等等。发生制造费用时，应先通过"制造费用"账户归集。月末，制造费用分配结转记入"生产成本"账户及其产品成本明细账内的"制造费用"项目。

☆ 发生制造费用时的处理方法：

借：制造费用
　贷：原材料
　　　应付职工薪酬

　　　　累计折旧

　　　　银行存款、库存现金等

☆ 制造费用分配结转的账务处理：

借：生产成本——甲产品

　　　　　　——乙产品

　贷：制造费用

☆ 结转产成品成本：

借：库存商品——A 产品

　　　　　　——B 产品

　贷：生产成本——A 产品

　　　　　　——B 产品

（4）销售过程的核算。

① 主要账户的设置。

● "主营业务收入"账户：损益类账户，核算企业在销售商品、提供劳务及让渡资产使用权等日常活动中所产生的收入。期末转入"本年利润"账户，年末无余额。按主营业务的种类设置明细账。

● "主营业务成本"账户：损益类账户，核算企业因销售商品、提供劳务或让渡资产使用权等日常活动而发生的实际成本。期末转入"本年利润"账户，年末无余额。按主营业务的种类设置明细账。

● "营业税金及附加"账户：损益类账户，核算企业的营业税、消费税、城市维护建设税、资源税和教育费附加。期末转入"本年利润"账户，年末无余额。

● "应收账款"账户：资产类账户，核算企业因销售商品、提供劳务等应向购货单位或接受劳务单位收取的款项。按债权人设置明细账。

● "应收票据"账户：资产类账户，核算企业因销售商品、产品、提供劳务等而收到的商业汇票，包括银行承兑汇票和商业承兑汇票。企业应设置应收票据备查簿登记应收票据的详细资料。

● "预收账款"账户：负债类账户，核算企业按照合同规定向购货单位预收的款项。预收账款不多的企业，也可以将预收的款项直接记入"应收账款"账户的贷方，不设"预收账款"账户。按购货单位设置明细账。

● "销售费用"账户：损益类账户，与原来的"营业费用"账户类似，是指企业在销售商品和材料、提供劳务的过程中发生的各种费用，包括企业在销售商品过程中发生的保险费、包装费、展览费和广告费、商品维修费、预计产品质量保证损失、运输费、装卸费等及为销售本企业商品而专设的销售机构（含销售网点、售后服务网点等）的职工薪酬、业务费、折旧费、固定资产修理费用等。期末转入"本年利润"账户，年末无余额。

- "其他应收款"账户：资产类账户，核算企业除应收票据、应收账款、预付账款、应收股利、应收利息、长期应收款等以外的其他各种应收及暂付款项。

② 商品销售的核算。主营业务收入核算的账务处理如下。

- 取得主营业务收入：

借：银行存款（应收票据、应收账款）

　　贷：主营业务收入

　　　　应交税费——应交增值税（销项税额）

- 结转主营业务的生产成本：

借：主营业务成本

　　贷：库存商品

计算营业税金及附加，包括营业税、消费税、资源税、城建税及教育费附加等。

借：营业税金及附加

　　贷：应交税费——应交消费税（营业税等）

期末，将"营业税金及附加"一次转入"本年利润"账户，结转后无余额。

（5）利润的形成和分配（财务成果）核算。财务成果核算和分配阶段涉及的常用会计科目及主要经济业务核算如下。

① 财务成果的核算。主要账户设置如下。

- "营业外收入"账户：损益类账户，核算企业发生的各项营业外收入，主要包括非流动资产处置利得、政府补助、盘盈利得、捐赠利得等。
- "营业外支出"账户：损益类账户，核算企业发生的各项营业外支出，主要包括非流动资产处置损失、公益性捐赠支出、非常损失、盘亏损失等。
- "本年利润"账户：所有者权益类账户，核算企业实现的净利润或发生的净亏损。贷方登记主营业务收入、其他业务收入、营业外收入等转入数，借方登记主营业务成本、营业税金及附加、其他业务成本、管理费用、财务费用、销售费用、营业外支出、所得税费用等转入数。期末余额如在贷方，表示企业自年初至本期末累计实现的净利润数额；期末余额如在借方，表示企业自年初至本期末累计发生的净亏损数额。年度终了，余额转入"利润分配"账户，结转后无余额。
- "所得税费用"账户：损益类账户，旧准则为"所得税"，核算企业按规定从当期利润中减去的所得税费用。期末转入"本年利润"账户，期末无余额。

注意　在计算应纳税所得额时用新的企业所得税法实施后一般企业为25%，微利小型企业为20%。

② 利润分配的核算。利润分配的程序：根据《中华人民共和国公司法》的规定，公司分配当年税后利润时，先用当年利润弥补亏损，再提取10%法定公积金，经股东会或股东大会决议提取任意盈余公积金，向投资者分配利润。公积金的用途：弥补公司的亏损、扩大公司生产经营、增加公司资本。

▲ 主要账户设置。

● "利润分配"账户：所有者权益账户，核算企业利润分配的或亏损弥补和历年分配或弥补后的积存余额。年度终了，将全年实现的利润转入本账户的贷方，如借方亏损转入该账户的借方；当年对净利润的分配登记在该账户的借方。本账户年末余额，反映企业历年积存的未分配利润（或未弥补亏损）。余额在贷方，表示历年累计未分配的利润；余额在借方，表示历年累计未弥补的亏损。

● 明细科目设置：提取法定盈余公积金、提取任意盈余公积金、应付股利或利润、转作资本的股利、盈余公积补亏和未分配利润等。期末将利润分配科目下的其他明细账的余额都转入本账户的"未分配利润"明细账。结转后，除"未分配利润"明细账之外，该账户的其他明细账应无余额。

● "盈余公积"账户：所有者权益类账户，核算企业从净利润中提取的盈余公积；贷方登记企业提取的盈余公积数额，借方登记用盈余公积弥补亏损的数额。期末余额在贷方，表示盈余公积的结余数额。

● 明细账的设置：法定盈余公积、任意盈余公积等。

● "应付股利"账户：负债类账户，核算企业经董事会或股东大会，或类似机构决议确定分配的现金股利或利润。企业分配的股票股利，不通过本科目核算。贷方登记企业向投资者分配的利润；借方登记实际向投资者支付的利润。期末余额在贷方，反映已分配给投资者但尚未支付的利润总额。

▲ 利润的核算。

● 期末将各项收入和利得、费用和损失转入"本年利润"账户；

● 计算利润总额；

● 计算所得税费用、入账，并转入"本年利润"账户；

● 计算净利润；

● 将净利润转入"利润分配"账户。

▲ 利润结转。

● 期末结转各项收入

借：主营业务收入
　　其他业务收入
　　营业外收入
　贷：本年利润

● 期末结转各项费用

借：本年利润
　贷：主营业务成本
　　　营业税金及附加
　　　其他业务成本

　　　　销售费用

　　　　管理费用

　　　　财务费用

　　　　营业外支出

● 计算并结转所得税费用：

☆ 计算所得税费用

借：所得税费用

　　贷：应交税费——应交所得税

☆ 结转所得税费用

借：本年利润

　　贷：所得税费用

● 年终将本年收支相抵后结出本年实现的净利润，转入"利润分配"科目。

借：本年利润

　　贷：利润分配——未分配利润

净亏损，做相反的会计分录。结转后无余额。各期转账后，"本年利润"科目如为贷方余额，反映年初至本期末累计实现的净利润；如为借方余额，反映年初至本期末累计发生的净亏损。

● 利润分配账务处理。

☆计提盈余公积。

借：利润分配——提取法定盈余公积

　　　　　　　——提取任意盈余公积

　　贷：盈余公积——法定盈余公积

　　　　　　　　——任意盈余公积

☆分配给股东或投资者现金股利或利润。

借：利润分配——应付现金股利

　　贷：应付股利

☆经股东大会或类似机构决议，分配给股东的股票股利，应在办理增资手续后进行。

借：利润分配——转作股本的股利

　　贷：股本

期末将"利润分配"科目所属其他明细科目的余额转入本科目的"未分配利润"明细科目。结转后，本科目除"未分配利润"明细科目外，其他明细科目应无余额。

借：利润分配——未分配利润

　　贷：利润分配——提取法定盈余公积

　　　　　　　　——提取任意盈余公积

　　　　　　　　——应付现金股利

　　　　　　　　——转作股本的股利

四、本章习题

（一）单项选择题

1. 企业接受固定资产投资，除了应记入"固定资产"账户和"实收资本"账户外，还可能涉及的账户是（　　　）。

　　A. 累计折旧　　　B. 资本公积　　　C. 盈余公积　　　D. 其他业务收入

2. 下列项目中不应计入材料采购成本的有（　　　）。

　　A. 材料买价　　　　　　　　B. 采购人员的差旅费

　　C. 入库前的挑选整理费　　　D. 运输途中的合理损耗

3. 生产车间管理部门使用的固定资产提取折旧费时，应借记（　　　）账户，贷记"累计折旧"账户。

　　A. 制造费用　　　B. 管理费用　　　C. 财务费用　　　D. 折旧费用

4. 销售费用属于期间费用，按月归集，月末全部转入（　　　）账户，以确定当期经营成果。

　　A. 生产成本　　　B. 本年利润　　　C. 期间费用　　　D. 管理费用

5. 制造产品直接耗用的材料，在会计处理上应以增加（　　　）处理。

　　A. 生产成本　　　B. 制造费用　　　C. 管理费用　　　D. 库存商品

6. 工业企业领用材料制造产品，应记入（　　　）账户。

　　A. 生产成本　　　B. 销售费用　　　C. 制造费用　　　D. 管理费用

7. 工业企业销售产品时支付的运输费，应记入（　　　）账户。

　　A. 生产成本　　　B. 销售费用　　　C. 材料采购　　　D. 管理费用

8. 企业在生产经营过程中借入短期借款的利息支出，应记入（　　　）账户。

　　A. 财务费用　　　B. 销售费用　　　C. 制造费用　　　D. 管理费用

9. "累计折旧"账户按照会计要素分类属于（　　　）。

　　A. 资产类账户　　B. 损益类账户　　C. 负债类账户　　D. 成本类

10. "制造费用"账户按照会计要素分类属于（　　　）。

　　A. 资产类账户　　B. 损益类账户　　C. 负债类账户　　D. 成本类账户

11. 下列属于资产类账户的有（　　　）。

　　A. 预付账款　　　B. 应付股利　　　C. 营业外收入　　　D. 生产成本

12. "生产成本"账户的期末借方余额表示（　　　）。

　　A. 生产成本的增加数　　　　B. 生产费用总和

　　C. 未完工的在产品和半成品的成本　D. 完工产品的实际成本

13. 企业在生产经营过程中所发生的各项费用，按其经济用途分类不包括（　　　）。

A. 直接材料　　　B. 直接人工　　　C. 制造费用　　　D. 期间费用

14. 企业生产过程中的期间费用不包括（　　　）。

　　A. 管理费用　　　B. 制造费用　　　C. 销售费用　　　D. 财务费用

15. 企业收到所有者投入 50 万元货币资金存入银行，应贷记（　　　）科目。

　　A. 银行存款　　　B. 实收资本　　　C. 长期投资　　　D. 短期投资

16. 企业购入一批材料，买价 5 万元，发生运杂费 400 元，材料已经入库，款以银行存款支付。则原材料的成本是（　　　）元。

　　A. 50 400　　　B. 50 000　　　C. 400　　　D. 54 000

17. 若某企业年末"固定资产"账户余额为 350 000 元，固定资产净值为 280 000 元，不考虑其他因素，则下列表述正确的是（　　　）。

　　A. "累计折旧"年末借方余额为 630 000 元

　　B. "累计折旧"年末贷方余额为 70 000 元

　　C. "累计折旧"年末贷方余额为 630 000 元

　　D. "累计折旧"年末借方余额为 70 000 元

18. 企业对外销售商品，购货方未支付货款，这项债权应记入（　　　）。

　　A. "应收账款"账户的借方　　　B. "应收账款"账户的贷方

　　C. "应付账款"账户的借方　　　D. "应付账款"账户的贷方

19. 以现金 50 元购办公用品，应借记（　　　）科目，贷记"现金科目"。

　　A. 制造费用　　　B. 管理费用　　　C. 生产成本　　　D. 销售费用

20. 采购员预借差旅费，企业财会部门以现金付讫，应借记（　　　）科目，贷记"库存现金"科目。

　　A. 其他应付款　　　B. 其他应收款　　　C. 管理费用　　　D. 销售费用

21. "本年利润"账户的借方余额表示（　　　）。

　　A. 本年累计取得的利润总额　　　B. 本年累计产生的亏损总额

　　C. 收入总额　　　D. 费用总额

22. 企业本期全部损益状况如下：主营业务收入 586 000 元，主营业务成本 467 000 元，主营业务税金及附加 24 000 元，管理费用 60 000 元，营业外收入 12 000 元，所得税 11 000元，则企业本期营业利润为（　　　）。

　　A. 119 000 元　　　B. 95 000 元　　　C. 35 000 元　　　D. 36 000 元

23. 企业本期全部损益状况如下：主营业务收入 1 286 000 元，主营业务成本 663 000元，主营业务税金及附加 24 000 元，管理费用 60 000 元，销售费用 30 000 元，投资收益 50 000 元，营业外收入 12 000 元，营业外支出 8 000 元，所得税费用 185 790 元，则企业本期利润总额为（　　　）元。

　　A. 509 000　　　B. 563 000　　　C. 377 210　　　D. 323 210

24. 企业本期生产产品直接耗用原材料 3 000 元，生产车间管理方面耗用原材料 2 000

元，正确的会计分录是（　　　　）。

  A.　借：生产成本   5 000
     贷：原材料   5 000

  B.　借：制造费用   5 000
     贷：原材料   5 000

  C.　借：生产成本   3 000
      制造费用   2 000
     贷：原材料   5 000

  D.　借：生产成本   3 000
      管理费用   2 000
     贷：原材料   5 000

25. 甲公司月末计算本月车间使用的机器设备等固定资产的折旧费为 7 000 元，下列会计分录正确的是（　　　　）。

  A.　借：生产成本   7 000
     贷：累计折旧   7 000

  B.　借：制造费用   7 000
     贷：累计折旧   7 000

  C.　借：管理费用   7 000
     贷：累计折旧   7 000

  D.　借：制造费用   7 000
     贷：固定资产   7 000

（二）多项选择题

1. 下列项目中，应记入"营业外收入"账户核算的有（　　　　）。

  A.　固定资产盘盈   B.　处置固定资产净收益
  C.　无法偿付的应付款项   D.　出售无形资产净收益

2. 以下税费可能记入"营业税金及附加"账户核算的有（　　　　）。

  A.　增值税   B.　消费税   C.　营业税   D.　教育费附加

3. 下列费用中，应记入产品成本的有（　　　　）。

  A.　直接用于产品生产，构成产品实体的辅助材料
  B.　直接从事产品生产的工人工资
  C.　按照生产工人工资的一定比例计提的职工福利费
  D.　车间管理人员的工资及福利费

4. 下列项目中，应记入"营业外支出"账户的有（　　　　）。

  A.　广告费   B.　借款利息   C.　固定资产盘亏   D.　捐赠支出

5. 下列账户中，期末结转后应无余额的账户有（　　）。

    A. 主营业务收入　B. 主营业务成本　C. 实收资本　　　　　　D. 预付账款

6. 计提固定资产折旧时，下列账户可能被涉及的有（　　）。

    A. 固定资产　　　B. 累计折旧　　　C. 制造费用　　　　　　D. 管理费用

7. 在下列各项费用中，属于商品、产品销售过程中发生的费用有（　　）。

    A. 运输费　　　　　　　　　　　B. 广告费

    C. 办公费　　　　　　　　　　　D. 包装费　　　　　E. 展览费

8. 属于工业企业的其他业务收入的有（　　）。

    A. 出租包装物的租金收入　　　　B. 出售废品收入

    C. 出售商品收入　　　　　　　　D. 出售材料收入

9. 在下列各项费用中，属于"制造费用"的有（　　）。

    A. 机物料消耗　　　　　　　　　B. 车间管理人员工资

    C. 生产直接耗用材料　　　　　　D. 车间劳动保护费

10. 在下列各项支出中，属于企业营业外支出的有（　　）。

    A. 固定资产盘亏　B. 罚款支出　　C. 企业发生的非常损失　D. 利息支出

11. 在下列各项费用中，属于"管理费用"项目的有（　　）。

    A. 公司经费　　　B. 保险费　　　C. 差旅费　　　　　　　D. 业务招待费

12. 下列各项目中属于制造费用核算范围的有（　　）。

    A. 车间用房的折旧费　　　　　　B. 厂部办公楼的折旧费

    C. 车间管理人员的工资　　　　　D. 直接从事产品生产的生产工人工资

13. 材料的采购成本项目应包括（　　）两项。

    A. 采购费用　　　B. 材料买价　　C. 厂部采购人员的工资D. 采购机构经费

14. 下列各项目中属于成本项目的是（　　）。

    A. 直接材料　　　B. 折旧费用　　C. 管理费用　　　　　　D. 制造费用

15. 在借贷记账法下，账户贷方登记的内容是（　　）。

    A. 资产的减少　　　　　　　　　B. 负债的增加

    C. 费用的减少数及期末结转数　　D. 成本减少数或结转数

16. 构成会计分录的基本内容是（　　）。

    A. 应记账户的名称　　　　　　　B. 应记账户的方向

    C. 应记金额　　　　　　　　　　D. 记账时间

17. 以下会计分录中，属于复合会计分录的有（　　）。

    A. 借：原材料　　　　　　　　　　　　　　　　　　　　5 000

       贷：银行存款　　　　　　　　　　　　　　　　　5 000

    B. 借：银行存款　　　　　　　　　　　　　　　　　　　1 000

       贷：库存现金　　　　　　　　　　　　　　　　　1 000

C. 借：生产成本		5 000
制造费用		1 500
贷：原材料		6 500
D. 借：生产成本		7 200
制造费用		1 200
贷：累计折旧		8 400

18. 在发生（　　）的情况下，试算平衡表依然是平衡的。

A. 少记某账户发生额　　　　　　B. 整笔经济业务漏记

C. 整笔经济业务重记　　　　　　D. 某一账户的金额记错

19. 下列账户中属于损益账户的有（　　）。

A. 主营业务收入　B. 管理费用　　C. 本年利润　　　　D. 利润分配

20. 下列账户中，属于所有者权益类账户的有（　　）。

A. 实收资本　　B. 本年利润　　C. 盈余公积　　　　D. 未分配利润

21. 留存收益通常包括（　　）。

A. 应付利润　　B. 资本公积　　C. 盈余公积　　　　D. 未分配利润

22. 企业购入一条生产线，买价 8 万元，已经用银行存款支付，安装中消耗原材料 1 200 元，应付安装人员的工资 3 500 元，本月已安装完毕交付使用。则可能涉及的会计分录有（　　）。

A. 借：在建工程		80 000
贷：银行存款		80 000
B. 借：在建工程		1 200
贷：原材料		1 200
C. 借：在建工程		3 500
贷：应付职工薪酬		3 500
D. 借：固定资产		84 700
贷：在建工程		84 700

23. 企业本年实现净利润 67 000 元，年末提取盈余公积 6 700 元，分配投资者利润 20 000 元，则在年末利润分配时应做的会计分录包括（　　）。

A. 借：本年利润		67 000
贷：利润分配		67 000
B. 借：利润分配		6 700
贷：盈余公积		6 700
C. 借：利润分配		67 000
贷：本年利润		67 000
D. 借：利润分配		20 000

　　　　　　贷：应付利润　　　　　　　　　　　　　　　　　　　20 000

　　24. 期末损益类账户结转时，"本年利润"账户贷方的对应账户分别为（　　　）。

　　　　A. 主营业务收入　B. 主营业务成本　C. 其他业务收入　　　D. 营业税金及附加

　　25. 企业应该在月末计算本月应支付给职工的工资总额，并形成一项负债。借记

（　　　），贷记应付职工薪酬。

　　　　A. 生产成本　　　　B. 制造费用　　　　C. 财务费用　　　　D. 销售费用

（三）判断题

　　1. 企业采购材料的买价和费用，在期末应全部转入"本年利润"账户的借方。（　　　）

　　2. 车间领用一般性消耗的材料，在会计处理上应属于增加管理费用。　　（　　　）

　　3. "应付账款"账户和"预付账款"账户同属负债类账户。　　　　　　（　　　）

　　4. 企业销售产品，如产品已发出，只要货款尚未收到，就不能确认收入。（　　　）

　　5. 复式记账是以会计科目为依据建立的一种记账的方法。　　　　　　　（　　　）

　　6. 财务费用是一种期间费用，按月归集，月末一般应全部转入"本年利润"。（　　　）

　　7. 核算企业向银行或其他金融机构借入的款项，应通过"应付账款"和"其他应付

款"两个账户进行核算。　　　　　　　　　　　　　　　　　　　　　　（　　　）

　　8. 财务成果是企业生产经营活动的最终成果，即利润或亏损。　　　　　（　　　）

　　9. 凡是由本期产品成本负担的费用，应按实际支付数全部计入本期成本。（　　　）

　　10. 外购材料的单价成本就是供应单位发票上的单价。　　　　　　　　　（　　　）

　　11. 在借贷记账法下，"借"、"贷"只作为记账符号使用，用以表明记账方向。（　　　）

　　12. 成本类账户结构与损益支出类账户结构完全相同。　　　　　　　　　（　　　）

　　13. 所有者权益类账户的余额在贷方，表示所有者权益的结存数。　　　　（　　　）

　　14. 损益收入类账户在期末结转后，一般无余额。　　　　　　　　　　　（　　　）

　　15. 如果试算平衡表是平衡的，则说明账户记录是正确的。　　　　　　　（　　　）

　　16. 管理费用是企业行政部门为组织和管理生产经营活动而发生的各项费用，包括行政

人员的工资和福利费、办公费、折旧费、广告宣传费、借款利息等。　　　（　　　）

　　17. 企业本期应交所得税等于利润总额乘以适用税率。　　　　　　　　　（　　　）

　　18. "累计折旧"是资产类账户，因此，当折旧增加时应记入"累计折旧"账户的借

方。　　　　　　　　　　　　　　　　　　　　　　　　　　　　　　　　（　　　）

　　19. 费用是企业所实际发生的各项开支和损失。　　　　　　　　　　　　（　　　）

　　20. 收回以前的货款存入银行将使企业资产总额增加。　　　　　　　　　（　　　）

（四）业务计算题

习题一

　　（一）目的：练习企业供应过程的核算。

（二）资料：某企业 2015 年 7 月份内发生以下有关材料采购的经济业务。

1. 采购员张三预支差旅费 500 元，以现金支付。

2. 购进下列原材料，增值税税率为 17%，货款以商业承兑汇票结算。

甲种材料   1 600 千克   单价 10 元   计 16 000 元

乙种材料   800 千克   单价 16 元   计 12 800 元

应交增值税   4 896 元   合   计 33 696 元

3. 以银行存款支付上述材料运费 480 元；以现金支付运达仓库的装卸费 240 元。计甲材料 480 元，乙材料 240 元。

4. 上述材料验收入库，按实际成本入账。

5. 商业汇票到期，以银行存款支付上述材料款 33 696 元。

6. 从外地购入材料 11 100 元，计甲种材料 550 千克，单价 10 元；乙种材料 350 千克，单价 16 元，应交增值税 1 887 元，货款以银行存款支付，材料未到。

7. 以现金支付运费 180 元，以银行存款支付装卸费 540 元。计甲材料 440 元，乙材料 280 元。

8. 上述材料验收入库，按实际成本转账。

（三）要求：根据上列材料采购的经济业务，编制会计分录。

习题二

（一）目的：练习企业供应过程的核算。

（二）资料：某企业 2000 年 8 月份内发生以下有关材料采购的经济业务。

1. 6 日，购买甲材料 200 千克，每千克 50 元，增值税 1 700 元，运杂费 500 元，款项均用银行存款支付，材料已验收入库。

2. 8 日，购入乙材料 500 千克，每千克 40 元，增值税 3 400 元，货款用银行存款支付，材料尚未验收入库。

3. 用银行存款支付上述购入乙材料的运杂费 600 元。

4. 乙材料验收入库，结转乙材料的采购成本。

5. 16 日，向大华工厂同时购买甲、乙两种材料。甲材料 400 千克，单价 50 元；乙材料 100 千克，单价 50 元，货款用银行存款支付，增值税率为 17%。

6. 以银行存款支付甲、乙两种材料的运杂费 1 000 元，甲、乙材料共同负担的费用按重量比例分配。

7. 上述材料验收入库，结转甲、乙材料的采购成本。

（三）要求：根据上列材料采购的经济业务，编制会计分录。

习题三

（一）目的：练习企业生产过程核算。

（二）资料：某企业 2015 年 8 月份内发生以下经济业务。

1. 生产车间从仓库领用各种原材料进行产品生产。用于生产 A 产品的甲材料 150 千克，单价 10.50 元，乙材料 100 千克，单价 16.50 元；用于生产 B 产品的甲材料 120 千克，单价 10.50 元，乙材料 80 千克，单价 16.50 元。

2. 结算本月份应付职工工资，按用途归集如下：

A 产品生产工人工资　　　　5 000 元

B 产品生产工人工资　　　　4 000 元

车间管理人员工资　　　　　2 000 元

厂部管理人员工资　　　　　3 000 元

3. 按规定根据职工工资总额 14% 计提职工福利费。

4. 计提本月份固定资产折旧，其中车间使用的固定资产计提折旧 600 元，企业管理部门使用的固定资产计提折旧 300 元。

5. 现金支付应由本月份车间负担的修理费 200 元。

6. 车间报销办公费及其他零星开支 400 元，以现金支付。

7. 车间管理人员出差报销差旅费 237 元，原预支 300 元，余额归还现金。

8. 结转制造费用，按产品生产工人工资比例分配。

9. 本月 A 产品 100 件，B 产品 80 件，均已全部制造完成，并已验收入库，按其实际成本转账。

（三）要求：根据上列产品生产的经济业务编制会计分录。

习题四

（一）目的：练习企业生产过程核算。

（二）资料：某企业 2015 年 9 月份内发生以下经济业务。

1. 生产车间生产甲产品耗用材料 100 000 元，乙产品耗用材料 84 000 元，车间管理部门耗用 4 000 元，厂部管理部门耗用 10 000 元。

2. 结转本月职工工资：

生产甲产品工人工资　　　　160 000 元

生产乙产品工人工资　　　　100 000 元

车间管理人员工资　　　　　32 000 元

厂部管理人员工资　　　　　18 000 元

　　合　　计　　　　　　　310 000 元

3. 按工资总额的 14% 计提职工福利费。

4. 以银行存款支付厂部水电费 2 000 元，房租 10 000 元，车间水电费 2 400 元。

5. 以现金购买车间办公用品 240 元。

6. 计提固定资产折旧，其中生产车间固定资产 18 500 元，厂部管理部门 2 800 元。

7. 按生产工人的工资比例分配制造费用。

8. 假设甲、乙两种产品本月全部完工，结转完工产品成本。

（三）要求：（1）根据上述资料编制会计分录。

（2）登记"制造费用"总账（用"T"形账户）。

习题五

（一）目的：练习企业销售过程的核算。

（二）资料：企业 2015 年 7 月份发生有关销售经济业务如下。

1. 向甲工厂出售 A 产品 500 件，每件售价 60 元，增值税 17%，货款已收到，存入银行。

2. 向乙公司出售 B 产品 300 件，每件出售 150 元，增值税 17%，货款尚未收到。

3. 按出售的两种产品的实际销售成本转账（A 产品每件 45 元，B 产品每件 115 元）。

4. 以银行存款支付上述 A、B 两种产品在销售过程中的运输费 800 元，包装费 200 元。

5. 结算本月份销售机构职工工资 1 000 元。

6. 按规定计算和登记 B 产品应缴纳的消费税（按销售价计算的消费税率为 10%）。

7. 向丙工厂出售材料物资 100 千克，每千克售价 12 元，货款 1 404 元（含税）已收到，存入银行。

8. 按出售的材料物资实际销售成本转账（每千克 10 元）。

（三）要求：根据上列各项经济业务编制会计分录。

习题六

（一）目的：练习企业销售过程的核算。

（二）资料：企业 2015 年 10 月份发生有关销售经济业务如下。

1. 售给东方公司甲产品 3 000 件，当即收到货款 195 000 元和增值税 33 150 元。

2. 售给光明厂乙产品 1 000 件，货款 55 000 元，增值税 9 350 元，款项尚未收到。

3. 用银行存款支付广告费 6 500 元。

4. 预收新华厂购买乙产品 40 000 元。

5. 发出乙产品 500 件，售价 27 500 元，增值税 4 675 元款项未收。

6. 结转已销产品的生产成本，甲产品单位生产成本为 42 元/件，乙产品的单位生产成本为 33 元/件。

7. 收到光明厂归还的前欠货款 64 350 元，存入银行。

8. 计算应交纳的城市维护建设税 2 400 元。

9. 将有关损益类账户结平。

（三）要求：根据上列各项经济业务编制会计分录。

习题七

（一）目的：练习企业费用的核算。

（二）资料：某企业 2015 年 7 月份发生经济业务如下。

1. 结算本月管理人员工资 8 000 元，其中厂部管理人员工资 3 000 元，车间管理人员工资 5 000 元。

2. 按本月管理人员工资总额的 14% 计提职工福利费。

3. 计提本月固定资产折旧费 1 400 元，其中车间固定资产折旧费 800 元，管理部门固定资产折旧费 600 元。

4. 以银行存款支付车间房屋修理费 1 200 元。

5. 以现金支付机动车修理费 400 元。

6. 按税法规定，以现金支付车船使用税 300 元。

7. 以现金预付下半年度书报费 480 元，并按预算摊配应由本月份负担的书报费。

8. 以银行存款支付产品广告费 1 500 元。

9. 预提应由本月份负担的借款利息 900 元。

10. 以银行存款支付产品销售过程中发生的运输费 600 元，以现金支付包装费 100 元。

11. 以现金支付退休人员退休金 1 200 元。

12. 厂部管理人员出差回来报销差旅费 960 元，原预支 1 000 元，余款归还现金。

13. 以银行存款支付水电费 2 400 元。其中车间用 1 900 元，办公室用 500 元。

14. 以银行存款支付房租 3 000 元，其中办公用房租金 1 000 元，车间生产用房租金 2 000 元。

（三）要求：根据上列各项经济业务编制会计分录。

习题八

（一）目的：练习财务成果的核算。

（二）资料：

1. 某企业 2015 年 11 月 30 日有关损益类账户总分类账的累计余额如下表所示。

金额单位：元

账户名称	借方累计余额	贷方累计余额
主营业务收入		500 000
主营业务成本	375 000	
营业税金及附加	30 000	
销售费用	25 000	
其他业务收入		6 000
其他业务成本	3 500	
管理费用	3 000	
财务费用	2 000	
营业外收入		4 000
营业外支出	1 500	

2. 12 月份发生以下收支经济业务。

（1）出售产品一批，售价 58 500 元（含增值税 17%），货款收到存入银行。

（2）按出售产品的实际销售成本 32 000 元转账。

（3）按 5% 税率计算应交纳销售产品的消费税 5 000 元。

（4）以现金支付产品销售过程中的运杂费、包装费 500 元。

（5）以银行存款支付管理部门办公经费 300 元。

（6）以银行存款支付银行借款利息 1 700 元，前两个月已预提借款利息 1 000 元。

（7）以银行存款支付违约罚金 500 元。

（8）没收某公司逾期未退还包装物加收的押金 300 元。

3. 计算、结转和分配利润。

（1）将 1—12 月份各损益账户累计余额转入"本年利润"账户。

（2）计算 12 月份利润总额。

（3）计算 1—12 月份利润总额。

（4）按 25% 税率计算缴纳全年所得税，并结转所得税费用。

（5）将全年实现的净利润结转入"利润分配"账户。

（6）按税后净利润 10% 计算应提取的盈余公积。

（7）按 50% 的比例登记应付给投资者分配利润。

（8）期末，"利润分配"账户所属明细账余额结转。

（三）要求：根据上列资料的各项经济业务内容编制会计分录。

习题九

某企业年底有关账户发生额如下表所示。

金额单位：元

账 户 名 称	借方发生额	贷方发生额
主营业务收入		900 000
主营业务成本	270 000	
销售费用	15 000	
管理费用	54 000	
财务费用	6 000	
营业税金及附加	4 500	
营业外收入		1 500
营业外支出	9 000	

要求：（1）分步骤计算利润总额及净利润（假设按利润总额的 25% 计算所得税）。

　　　　（2）作出年底结账的会计分录。

习题十

（一）目的：练习企业主要经营过程的核算。

（二）资料：某企业 2015 年 3 月份发生有关业务（购进、销售价款均含增值税 17%）如下。

1. 销售产品一批，计 1 170 000 元，货款已收，存入银行。
2. 购入材料一批，总付款计 234 000 元，运费 1 000 元，以银行存款支付，材料入库。
3. 向银行借入临时借款 100 000 元，存入银行。
4. 收到应收款项 80 000 元，存入银行。
5. 职工出差借支差旅费 5 000 元，以现金支付。
6. 以银行存款支付管理费用 25 500 元，销售费用 3 700 元。
7. 预提本月借款利息 1 500 元。
8. 年初支付全年保险费 3 600 元，摊销本月应负担部分。
9. 结转本月产品销售成本 859 640 元。
10. 计算并交纳产品消费税 9 000 元。
11. 将本月各项损益类账户余额转入"本年利润"账户。
12. 按利润总额计算应交所得税（税率 25%）。
13. 将"所得税费用"账户余额转入"本年利润"账户。
14. 按本月利润净额 10% 提取盈余公积。

（三）要求：编制会计分录。

五、案例分析

识会计，看报表，做积极的投资者

买一家公司的股票，实际上就是买这家公司，该公司的经济业绩和未来的现金流量就是股票真正的价码。而这方面最有价值的信息来源就是会计信息，即公司定期、不定期发布的财务报告。"股神"巴菲特就是一个典型的注重基本面分析的积极投资者，他把自己的日常工作概括为"阅读"，而他阅读得最多的就是财务报告。有人对巴菲特 1965—2006 年的投资业绩进行过统计，发现在此期间巴菲特的财富增长幅度是 3 600 多倍，是同期美国股市涨幅的 55 倍。打个比方说，如果你把自己仅有的 1 万元交给巴菲特打理，42 年后巴菲特就会使你拥有 3 600 多万元的身价。人们惊叹巴菲特拥有一个点石成金的金手指，但巴菲特却说："我从来不关心股价走势，也没有必要关心，这也许还会妨碍我做出正确的选择。"巴菲特坚持认为，他是在投资企业而不是股票，如果有可能就尽量远离股市。他的投资理念其实很简单，那就是价值投资。价值投资是一种积极的、理性的投资行为。在价值投资理念的指导下，财务报告的作用就显得尤为重要。巴菲特几乎不用电脑，在他的办公室里最多的就是上市公司的年报。巴菲特保存了几乎美国所有上市公司的年报。在他进行投资前，他就已经对目标公司的财务报告进行了非常缜密的分析，通过透视财务报告，对公司的内在价值进行评估，并据以指导投资决策。

曾经有个记者问巴菲特："我应该怎么学习股票投资呢？"巴菲特回答说："看上市公司的年报。"但是，美国有那么多家上市公司，又经过了那么多年，上市公司的年报岂不是太多了？巴菲特就淡淡地告诉他："很简单，按照字母顺序，从第一家公司的年报开始看起。"这也许有些夸张，对于常人来说几乎匪夷所思。巴菲特的确是把他的大部分时间都用来阅读上市公司年报、行业资料等这些基本面的分析上。正是因为能透视财务报告，才有巴菲特在股票投资上的巨大成功。

问题：通过我国近几年的股市沉浮，你能从此案例中得到什么启示？

六、参考答案

（一）单项选择题

1. B 2. B 3. A 4. B 5. A 6. A 7. B 8. A 9. A 10. D 11. A 12. C 13. D 14. B 15. B 16. A 17. B 18. A 19. B 20. B 21. B 22. C 23. B 24. C 25. B

（二）多项选择题

1. BCD 2. BCD 3. ABCD 4. CD 5. AB 6. BCD 7. ABCDE 8. ABD 9. ABD 10. ABC 11. ABCD 12. AC 13. AB 14. AD 15. ABCD 16. ABC 17. CD 18. BC 19. AB 20. ABC 21. CD 22. ABCD 23. ABD 24. AC 25. ABD

（三）判断题

1. × 2. × 3. × 4. × 5. × 6. √ 7. × 8. √ 9. × 10. × 11. √ 12. × 13. √ 14. √ 15. × 16. × 17. × 18. × 19. × 20. ×

（四）业务计算题

习题一

1. 借：其他应收款　　　　　　　　　　　　　　　　　　　500
　　贷：库存现金　　　　　　　　　　　　　　　　　　　　500
2. 借：在途物资——甲材料　　　　　　　　　　　　　16 000
　　　　　　　　——乙材料　　　　　　　　　　　　　12 800
　　　应交税费——应交增值税（进项税额）　　　　　　4 896
　　贷：应付票据　　　　　　　　　　　　　　　　　　33 696
3. 借：在途物资——甲材料　　　　　　　　　　　　　　480

贷：银行存款	480
借：在途物资——乙材料	240
贷：库存现金	240
4. 借：原材料——甲材料	16 480
——乙材料	13 040
贷：在途物资——甲材料	16 480
——乙材料	13 040
5. 借：应付票据	33 696
贷：银行存款	33 696
6. 借：在途物资——甲材料	5 500
——乙材料	5 600
应交税费——应交增值税（进项税额）	1 887
贷：银行存款	12 987
7. 借：在途物资——甲材料	440
——乙材料	280
贷：银行存款	540
库存现金	180
8. 借：原材料——甲材料	5 940
——乙材料	5 880
贷：在途物资	11 820

习题二

1. 借：原材料——甲材料	10 500
应交税费——应交增值税（进项税额）	1 700
贷：银行存款	12 200
2. 借：在途物资——乙材料	20 000
应交税费——应交增值税（进项税额）	3 400
贷：银行存款	23 400
3. 借：在途物资——乙材料	600
贷：银行存款	600
4. 借：原材料——乙材料	20 600
贷：在途物资——乙材料	20 600
5. 借：在途物资——甲材料	20 000
——乙材料	5 000
应交税费——应交增值税（进行税额）	4 250

贷：银行存款	29 250

6. 运杂费分配率 = 1 000/（400 + 100）= 2 元/千克

甲材料应负担运杂费 = 400 × 2 = 800 元

乙材料应负担运杂费 = 1 000 - 800 = 200 元

借：在途物资——甲材料	800
——乙材料	200
贷：银行存款	1 000

7. 上述材料验收入库，结转甲、乙材料的采购成本。

借：原材料——甲材料	20 800
——乙材料	50 200
贷：在途物资——甲材料	20 800
——乙材料	50 200

习题三

1.
借：生产成本——A 产品	3 225
——B 产品	2 580
贷：原材料——甲材料	2 835
——乙材料	2 970

2.
借：生产成本——A 产品	5 000
——B 产品	4 000
制造费用	2 000
管理费用	3 000
贷：应付职工薪酬——工资	14 000

3. 按规定根据职工工资总额 14% 计提职工福利费。

借：生产成本——A 产品	700
——B 产品	560
制造费用	280
管理费用	420
贷：应付职工薪酬——福利费	1 960

4.
借：制造费用	600
管理费用	300
贷：累计折旧	900

5. 现金支付应由本月份车间负担的修理费 200 元。

借：管理费用	200
贷：库存现金	200

6. 借：制造费用　　　　　　　　　　　　　　　　　　　　　　400

　　　贷：库存现金　　　　　　　　　　　　　　　　　　　　　400

7. 车间管理人员出差报销差旅费 237 元，原预支 300 元，余额归还现金。

借：制造费用　　　　　　　　　　　　　　　　　　　　　　237

　　库存现金　　　　　　　　　　　　　　　　　　　　　　63

　　贷：其他应收款　　　　　　　　　　　　　　　　　　　　300

8. 结转制造费用，按产品生产工人工资比例分配。

待分配制造费用总额 = 3 517 元

制造费用分配率 = 3 517/（5 000 + 4 000） = 0.39

A 产品应承担制造费用 = 5 000 × 0.39 = 1 950 元

B 产品应承担制造费用 = 3 517 – 1 950 = 1 567 元

借：生产成本——A 产品　　　　　　　　　　　　　　　　1 950

　　　　　　——B 产品　　　　　　　　　　　　　　　　1 567

　　贷：制造费用　　　　　　　　　　　　　　　　　　　　3 517

9. 本月 A 产品 100 件，B 产品 80 件，均已全部制造完成，并已验收入库，按其实际成本转账。

借：库存商品——A 产品 （3 225 + 5 000 + 700 + 1 950 = 10 875）　10 875

　　　　　　——B 产品 （2 580 + 4 000 + 5 600 + 1 567 = 13 747）　13 747

　　贷：生产成本——A 产品　　　　　　　　　　　　　　10 875

　　　　　　　　——B 产品　　　　　　　　　　　　　　13 747

习题四

1. 生产车间生产甲产品耗用材料 100 000 元，乙产品耗用材料 84 000 元，车间管理部门耗用 4 000 元，厂部管理部门耗用 10 000 元。

借：生产成本——甲产品　　　　　　　　　　　　　　　100 000

　　　　　　——乙产品　　　　　　　　　　　　　　　84 000

　　制造费用　　　　　　　　　　　　　　　　　　　　4 000

　　管理费用　　　　　　　　　　　　　　　　　　　　10 000

　　贷：原材料　　　　　　　　　　　　　　　　　　　　198 000

2. 结转本月职工工资：

借：生产成本——甲产品　　　　　　　　　　　　　　　160 000

　　　　　　——乙产品　　　　　　　　　　　　　　　100 000

　　制造费用　　　　　　　　　　　　　　　　　　　　32 000

　　管理费用　　　　　　　　　　　　　　　　　　　　18 000

　　贷：应付职工薪酬　　　　　　　　　　　　　　　　　310 000

3. 按工资总额的 14% 计提职工福利费。

借：生产成本——甲产品　　　　　　　　　　　　　　　　22 400
　　　　　　　——乙产品　　　　　　　　　　　　　　　14 000
　　制造费用　　　　　　　　　　　　　　　　　　　　　4 480
　　管理费用　　　　　　　　　　　　　　　　　　　　　2 520
　　贷：应付职工薪酬　　　　　　　　　　　　　　　　　　　　43 400

4. 以银行存款支付厂部水电费 2 000 元，房租 10 000 元，车间水电费 2 400 元。

借：管理费用　　　　　　　　　　　　　　　　　　　　　2 000
　　制造费用　　　　　　　　　　　　　　　　　　　　　2 400
　　贷：银行存款　　　　　　　　　　　　　　　　　　　　　4 400

5. 以现金购买车间办公用品 240 元。

借：制造费用　　　　　　　　　　　　　　　　　　　　　　240
　　贷：库存现金　　　　　　　　　　　　　　　　　　　　　　240

6. 计提固定资产折旧，其中生产车间固定资产 18 500 元，厂部管理部门 2 800 元。

借：制造费用　　　　　　　　　　　　　　　　　　　　　18 500
　　管理费用　　　　　　　　　　　　　　　　　　　　　2 800
　　贷：累计折旧　　　　　　　　　　　　　　　　　　　　　21 300

7. 按生产工人的工资比例分配制造费用。

制造费用总额 = 4 000 + 32 000 + 4 480 + 2 400 + 240 + 18 500 = 61 620 元
制造费用分配率 = 61 620 ÷ (160 000 + 100 000) = 0. 237
甲产品应负担的制造费用 = 160 000 × 0. 237 = 37 920 元
乙产品应负担的制造费用 = 61 620 – 37 920 = 23 700 元

借：生产成本——甲产品　　　　　　　　　　　　　　　　37 920
　　　　　　　——乙产品　　　　　　　　　　　　　　　23 700
　　贷：制造费用　　　　　　　　　　　　　　　　　　　　　61 620

8. 假设甲、乙两种产品本月全部完工，结转完工产品成本。

借：库存商品——甲产品　　　　　　　　　　　　　　　320 320
　　　　　　　——乙产品　　　　　　　　　　　　　　221 700
　　贷：生产成本——甲产品　　　　　　　　　　　　　　　320 320
　　　　　　　　——乙产品　　　　　　　　　　　　　　221 700

习题五

1. 借：银行存款　　　　　　　　　　　　　　　　　　　35 100
　　贷：主营业务收入　　　　　　　　　　　　　　　　　　30 000
　　　　应交税费——应交增值税（销项税额）　　　　　　　　5 100

2. 借：应收账款   52 650

    贷：主营业务收入   45 000

        应交税费——应交增值税（销项税额）   7 650

3. 按出售的两种产品的实际销售成本转账（A 产品每件 45 元，B 产品每件 115 元）。

借：主营业务成本   57 000

    贷：库存商品——A 产品   22 500

            ——B 产品   34 500

4. 以银行存款支付上述 A、B 两种产品在销售过程中的运输费 800 元，包装费 200 元。

借：销售费用   1 000

    贷：银行存款   1 000

5. 结算本月份销售机构职工工资 1 000 元。

借：销售费用   1 000

    贷：应付职工薪酬   1 000

6. 按规定计算和登记 B 产品应缴纳的消费税（按销售价计算的消费税率为 10%）。

B 产品消费税 = 45 000 × 10% = 4 500 元

    借：营业税金及附加   4 500

        贷：应交税费——应交消费税   4 500

7. 向丙工厂出售材料物资 100 千克，每千克售价 12 元，货款 1 404 元（含税）已收到，存入银行。

借：银行存款   1 404

    贷：其他业务收入（1 404 ÷ (1 + 17%) = 1 200）   1 200

        应交税费——应交增值税（销项税额）（1 404 − 1 200 = 204）   204

8. 按出售的材料物资实际销售成本转账（每千克 10 元）。

借：其他业务成本   1 000

    贷：原材料   1 000

习题六

1. 售给东方公司甲产品 3 000 件，当即收到货款 195 000 元和增值税 33 150 元。

借：银行存款   228 150

    贷：主营业务收入   195 000

        应交税费——应交增值税（销项税额）   33 150

2. 售给光明厂乙产品 1 000 件，货款 55 000 元，增值税 9 350 元，款项尚未收到。

借：应收账款   64 350

    贷：主营业务收入   55 000

        应交税费——应交增值税（销项税额）   9 350

3. 用银行存款支付广告费 6 500 元。

借：销售费用 6 500

  贷：银行存款 6 500

4. 预收新华厂购买乙产品费用 40 000 元。

借：银行存款 40 000

  贷：预收账款 40 000

5. 发出乙产品 500 件，售价 27 500 元，增值税 4 675 元款项未收。

借：应收账款 32 175

  贷：主营业务收入 27 500

    应交税费——应交增值税（销项税额） 4 675

6. 结转已销产品的生产成本，甲产品单位生产成本为 42 元/件，乙产品的单位生产成本为 33 元/件。

借：主营业务成本 175 500

  贷：库存商品——甲产品（3 000 × 42 = 126 000 元） 126 000

    ——乙产品（1 500 × 33 = 49 500 元） 49 500

7. 收到光明厂归还的前欠货款 64 350 元，存入银行。

借：银行存款 64 350

  贷：应收账款 64 350

8. 计算应交纳的城市维护建设税 2 400 元。

借：营业税金及附加 2 400

  贷：应交税费——应交城建税 2 400

9. 将有关损益类账户结平。

借：主营业务收入（195 000 + 55 000 + 27 500 = 277 500） 277 500

  贷：本年利润 277 500

借：本年利润 184 400

  贷：主营业务成本 175 500

    营业税金及附加 2 400

    销售费用 6 500

习题七

1. 结算本月管理人员工资 8 000 元，其中厂部管理人员工资 3 000 元，车间管理人员工资 5 000 元。

借：管理费用 3 000

  制造费用 5 000

  贷：应付职工薪酬 8 000

2. 按本月管理人员工资总额的 14% 计提职工福利费。

借：管理费用 420
　　制造费用 700
　　贷：应付职工薪酬 1 120

3. 计提本月固定资产折旧费 1 400 元，其中车间固定资产折旧费 800 元，管理部门固定资产折旧费 600 元。

借：制造费用 800
　　管理费用 600
　　贷：累计折旧 1 400

4. 以银行存款支付车间房屋修理费 1 200 元。

借：管理费用 1 200
　　贷：银行存款 1 200

5. 以现金支付机动车修理费 400 元。

借：管理费用 400
　　贷：库存现金 400

6. 按税法规定，以现金支付车船使用税 300 元。

借：管理费用 300
　　贷：库存现金 300

7. 以现金预付下半年度书报费 480 元，并按预算摊配应由本月份负担的书报费。

借：预付账款 480
　　贷：库存现金 480
借：管理费用 80
　　贷：预付账款 80

8. 以银行存款支付产品广告费 1 500 元。

借：销售费用 1 500
　　贷：银行存款 1 500

9. 预提应由本月份负担的借款利息 900 元。

借：财务费用 900
　　贷：应付利息 900

10. 以银行存款支付产品销售过程中发生的运输费 600 元、以现金支付包装费 100 元。

借：销售费用 700
　　贷：银行存款 600
　　　　库存现金 100

11. 以现金支付退休人员退休金 1 200 元。

借：管理费用 1 200

　　　贷：库存现金　　　　　　　　　　　　　　　　　　　　　1 200

12. 厂部管理人员出差回来报销差旅费 960 元，原预支 1 000 元，余款归还现金。

借：管理费用　　　　　　　　　　　　　　　　　　　　　　960

　　库存现金　　　　　　　　　　　　　　　　　　　　　　40

　　贷：其他应收款　　　　　　　　　　　　　　　　　　　1 000

13. 以银行存款支付水电费 2 400 元。其中车间用 1 900 元，办公室用 500 元。

借：制造费用　　　　　　　　　　　　　　　　　　　　　1 900

　　管理费用　　　　　　　　　　　　　　　　　　　　　　500

　　贷：银行存款　　　　　　　　　　　　　　　　　　　　2 400

14. 以银行存款支付房租 3 000 元，其中办公用房租金 1 000 元，车间生产用房租金 2 000 元。

借：管理费用　　　　　　　　　　　　　　　　　　　　　1 000

　　制造费用　　　　　　　　　　　　　　　　　　　　　2 000

　　贷：银行存款　　　　　　　　　　　　　　　　　　　　3 000

习题八

（三）根据各项经济业务内容编制会计分录。

（1）出售产品一批，售价 58 500 元（含增值税 17%），货款收到存入银行。

借：银行存款　　　　　　　　　　　　　　　　　　　　58 500

　　贷：主营业务收入$\left(\dfrac{58\ 500}{1+17\%}=50\ 000\ 元\right)$　　　50 000

　　　　应交税费——应交增值税（销项税额）　　　　　　8 500

（2）按出售产品的实际销售成本 32 000 元转账。

借：主营业务成本　　　　　　　　　　　　　　　　　　32 000

　　贷：库存商品　　　　　　　　　　　　　　　　　　　32 000

（3）按 5% 税率计算应交纳销售产品的消费税 5 000 元。

借：营业税金及附加　　　　　　　　　　　　　　　　　　5 000

　　贷：应交税费——应交消费税　　　　　　　　　　　　　5 000

（4）以现金支付产品销售过程中的运杂费、包装费 500 元。

借：销售费用　　　　　　　　　　　　　　　　　　　　　500

　　贷：库存现金　　　　　　　　　　　　　　　　　　　　500

（5）以银行存款支付管理部门办公经费 300 元。

借：管理费用　　　　　　　　　　　　　　　　　　　　　300

　　贷：银行存款　　　　　　　　　　　　　　　　　　　　300

（6）以银行存款支付银行借款利息 1 700 元，前两个月已预提借款利息 1 000 元。

借：财务费用　　　　　　　　　　　　　　　　　700
　　应付利息　　　　　　　　　　　　　　　　　1 000
　　贷：银行存款　　　　　　　　　　　　　　　　　　　1 700

（7）以银行存款支付违约罚金 500 元。

借：营业外支出　　　　　　　　　　　　　　　　500
　　贷：银行存款　　　　　　　　　　　　　　　　　　　　500

（8）没收某公司逾期未退还包装物加收的押金 300 元。

借：其他应付款　　　　　　　　　　　　　　　　300
　　贷：其他业务收入　　　　　　　　　　　　　　　　　　300

3．计算、结转和分配利润

（1）将 1—12 月份各损益账户累计余额转入"本年利润"账户。

借：本年利润　　　　　　　　　　　　　　　　479 000
　　贷：主营业务成本　　　　　　　　　　　　　　　　407 000
　　　　营业税金及附加　　　　　　　　　　　　　　　 35 000
　　　　销售费用　　　　　　　　　　　　　　　　　　 25 500
　　　　管理费用　　　　　　　　　　　　　　　　　　　3 300
　　　　财务费用　　　　　　　　　　　　　　　　　　　2 700
　　　　其他业务成本　　　　　　　　　　　　　　　　　3 500
　　　　营业外支出　　　　　　　　　　　　　　　　　　2 000
借：主营业务收入　　　　　　　　　　　　　　　550 000
　　其他业务收入　　　　　　　　　　　　　　　　6 300
　　营业外收入　　　　　　　　　　　　　　　　　4 000
　　贷：本年利润　　　　　　　　　　　　　　　　　　560 300

（2）计算 12 月份利润总额。

利润总额 = 50 000 + 300 − 32 000 − 5 000 − 500 − 300 − 700 − 500 = 11 300 元

（3）计算 1—12 月份利润总额

利润总额 = 500 000 + 6 000 + 4 000 − 375 000 − 30 000 − 25 000 − 3 500 − 3 000 − 2 000 −
1 500 + 11 300 = 81 300 元

（4）按 25% 税率计算缴纳全年所得税，并结转所得税费用。

81 300 × 25% = 20 325 元

借：所得税费用　　　　　　　　　　　　　　　 20 325
　　贷：应交税费——应交所得税　　　　　　　　　　　 20 325
借：本年利润　　　　　　　　　　　　　　　　　20 325
　　贷：所得税费用　　　　　　　　　　　　　　　　　 20 325

（5）将全年实现的净利润结转入"利润分配"账户。

净利润 = 81 300 – 20 325 = 60 975 元

借：本年利润　　　　　　　　　　　　　　　　　　　　60 975

　　贷：利润分配——未分配利润　　　　　　　　　　　　　60 975

（6）按税后净利润 10% 计算应提取的盈余公积。

提取盈余公积 = 60 975 × 10% = 6 097.50 元

借：利润分配——提取法定盈余公积　　　　　　　　　6 097.50

　　贷：盈余公积——法定盈余公积　　　　　　　　　　　6 097.50

（7）按 50% 的比例登记应付给投资者分配利润。

应付给投资者的利润 = (60 975 – 6 097.5) × 50% = 27 438.75 元

借：利润分配——应付现金股利　　　　　　　　　　27 438.75

　　贷：应付股利　　　　　　　　　　　　　　　　　　27 438.75

（8）期末，"利润分配"账户所属明细账余额结转。

借：利润分配——未分配利润　　　　　　　　　　　33 536.25

　　贷：利润分配——提取法定盈余　　　　　　　　　　6 097.50

　　　　　　　　——应付现金股利　　　　　　　　　27 438.75

习题九

营业利润 = 900 000 – 270 000 – 15 000 – 54 000 – 6 000 – 4 500 = 550 500

利润总额 = 550 500 + 1 500 – 9 000 = 543 000

净利润 = 543 000 – 543 000 × 25% = 407 250

年底结账分录：

借：本年利润　　　　　　　　　　　　　　　　　　358 500

　　贷：主营业务成本　　　　　　　　　　　　　　　270 000

　　　　营业税金及附加　　　　　　　　　　　　　　　4 500

　　　　销售费用　　　　　　　　　　　　　　　　　15 000

　　　　管理费用　　　　　　　　　　　　　　　　　54 000

　　　　财务费用　　　　　　　　　　　　　　　　　　6 000

　　　　营业外支出　　　　　　　　　　　　　　　　　9 000

借：主营业务收入　　　　　　　　　　　　　　　　900 000

　　营业外收入　　　　　　　　　　　　　　　　　　1 500

　　贷：本年利润　　　　　　　　　　　　　　　　　901 500

借：所得税费用　　　　　　　　　　　　　　　　　135 750

　　贷：应交税费——应交所得税　　　　　　　　　　13 750

借：本年利润　　　　　　　　　　　　　　　　　　135 750

　　贷：所得税费用　　　　　　　　　　　　　　　　135 750

借：本年利润　　　　　　　　　　　　　　　　　　　　　　　407 250
　　贷：利润分配——未分配利润　　　　　　　　　　　　　　　　407 250

习题十

1. 销售产品一批，计 1 170 000 元，货款已收，存入银行。

借：银行存款　　　　　　　　　　　　　　　　　　　　　　1 170 000
　　贷：主营业务收入　　　　　　　　　　　　　　　　　　　1 000 000
　　　　应交税费——应交增值税（销项税额）　　　　　　　　　170 000

2. 购入材料一批，总付款计 234 000 元，运费 1 000 元，以银行存款支付，材料入库。

借：原材料（价款 = 234 000/（1 + 17%）= 200 000）　　　　　201 000
　　应交税费——应交增值税（进项税额）（200 000 × 17% = 34 000）　34 000
　　贷：银行存款　　　　　　　　　　　　　　　　　　　　　235 000

3. 向银行借入临时借款 1 000 000 元，存入银行。

借：银行存款　　　　　　　　　　　　　　　　　　　　　　1 000 000
　　贷：短期借款　　　　　　　　　　　　　　　　　　　　　1 000 000

4. 收到应收款项 80 000 元，存入银行。

借：银行存款　　　　　　　　　　　　　　　　　　　　　　　80 000
　　贷：应收账款　　　　　　　　　　　　　　　　　　　　　　80 000

5. 职工出差借支差旅费 5 000 元，以现金支付

借：其他应收款　　　　　　　　　　　　　　　　　　　　　　　5 000
　　贷：库存现金　　　　　　　　　　　　　　　　　　　　　　　5 000

6. 以银行存款支付管理费用 25 500 元，销售费用 3 700 元。

借：管理费用　　　　　　　　　　　　　　　　　　　　　　　25 500
　　销售费用　　　　　　　　　　　　　　　　　　　　　　　　3 700
　　贷：银行存款　　　　　　　　　　　　　　　　　　　　　　29 200

7. 预提本月借款利息 1 500 元。

借：财务费用　　　　　　　　　　　　　　　　　　　　　　　　1 500
　　贷：应付利息　　　　　　　　　　　　　　　　　　　　　　　1 500

8. 年初支付全年保险费 3 600 元，摊销本月应负担部分。

借：管理费用　　　　　　　　　　　　　　　　　　　　　　　　　300
　　贷：预付账款　　　　　　　　　　　　　　　　　　　　　　　　300

9. 结转本月产品销售成本 859 640 元。

借：主营业务成本　　　　　　　　　　　　　　　　　　　　　859 640
　　贷：库存商品　　　　　　　　　　　　　　　　　　　　　　859 640

10. 计算并交纳产品消费税 9 000 元。

借：营业税金及附加 9 000
    贷：应交税费——应交消费税 9 000

11. 将本月各项损益类账户余额转入"本年利润"账户。

借：本年利润 899 640
    贷：主营业务成本 859 640
        营业税金及附加 9 000
        销售费用 3 700
        管理费用 25 800
        财务费用 1 500

借：主营业务收入 1 000 000
    贷：本年利润 1 000 000

12. 按利润总额计算应交所得税（税率25%）。

利润总额 = 1 000 000 – 899 640 = 100 360
应交所得税 = 100 360 × 25% = 25 090

借：所得税费用 25 090
    贷：应交税费——应交所得税 25 090

13. 将"所得税费用"账户余额转入"本年利润"账户。

借：本年利润 25 090
    贷：所得税费用 25 090

14. 按本月利润净额10%提取盈余公积。

净利润 = 100 360 – 25 090 = 75 270
提盈余公积 = 75 270 × 10% = 7 527

借：利润分配——提取盈余公积 7 527
    贷：盈余公积 7 527

七、案例分析提示

1. 利用会计信息进行价值分析、预测。

2. 理性投资，对目标公司的财务报告进行非常缜密的分析，通过透视财务报告，对公司的内在价值进行评估，并据以指导投资决策。

第六章 会 计 凭 证

一、本章学习目标

通过本章学习，应该了解会计凭证的分类与作用；理解会计凭证、原始凭证和记账凭证的含义，了解原始凭证和记账凭证的分类、内容和编制要求；掌握原始凭证的审核方法和记账凭证的填制方法。

二、本章知识结构

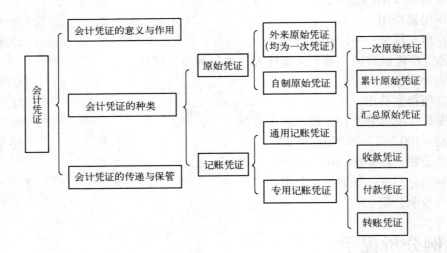

三、本章重点、难点分析

★ 原始凭证的基本内容和填制要求
★ 记账凭证的基本内容和填制要求

（一）原始凭证的基本内容和填制要求

原始凭证又称单据，是在经济业务发生或完成时取得或填制的，用以记录或证明经济业务的发生或完成情况的文字凭据。它不仅能用来记录经济业务发生或完成情况，还可以明确经济责任,是进行会计核算工作的原始资料和重要依据,是会计资料中最具有法律效力的一种文件。工作令号、购销合同、购料申请单等不能证明经济业务发生或完成情况的各种单证不能作为原始凭证并据以记账。由于各种经济业务的内容和经营管理的要求不同,原始凭证的名称、格式和内容是多种多样的。原始凭证填制的依据和填制的人员有三种:以实际发生或完成的经济业务为依据,由经办业务人员直接填制,如"入库单"、"出库单"等;以账簿记录为依据、由会计人员加工整理计算填制,如各种记账编制凭证;以若干张反映同类经济业务的原始凭证为依据,定期汇总填制汇总原始凭证,填制人员可能是业务经办人也可能是会计人员。但无论哪种原始凭证,作为记录和证明经济业务的发生或完成情况、明确经办单位和人员的经济责任的原始证据,必须具备以下基本内容:

(1)原始凭证名称;

(2)填制原始凭证的日期;

(3)接受原始凭证的单位名称;

(4)经济业务内容(含数量、单价、金额等);

(5)填制单位签章;

(6)有关人员签章;

(7)凭证附件。

原始凭证的填制要求如下。

(1)记录要真实。原始凭证所填列的经济业务内容和数字,必须真实可靠,符合实际情况。

(2)内容要完整。原始凭证所要求填列的项目必须逐项填列齐全,不得遗漏和省略。

(3)手续要完备。单位自制的原始凭证必须有经办单位领导人或者其他指定的人员签名盖章;对外开出的原始凭证必须加盖本单位公章;从外部取得的原始凭证,必须盖有填制单位的公章;从个人取得的原始凭证,必须有填制人员的签名盖章。

(4)书写要清楚、规范。原始凭证要按规定填写,文字要简要,字迹要清楚,易于辨认,不得使用未经国务院公布的简化汉字。大小写金额必须相符且填写规范,小写金额用阿拉伯数字逐个书写,不得写连笔字。在金额前要填写人民币符号"¥"。人民币符号"¥"与阿拉伯数字之间不得留有空白。金额数字一律填写到角、分,无角、分的,写"00"或符号"—";有角无分的,分位写"0",不得用符号"—"。大写金额用汉字壹、贰、叁、肆、伍、陆、柒、捌、玖、拾、佰、仟、万、亿、元、角、分、零、整等,一律用正楷或行书字书写。大写金额前未印有"人民币"字样的,应加写"人民币"三个字,"人民币"字样和大写金额之间不得留有空白。大写金额到元或角为止的,后面要写"整"或"正"字;有分的,不写"整"或"正"字。如小写金额为¥1 008.00,大写金额应写成"壹仟零捌元整"。

(5)编号要连续。如果原始凭证已预先印定编号,在写坏作废时,应加盖"作废"戳记,妥善保管,不得撕毁。

（6）不得涂改、刮擦、挖补。原始凭证有错误的，应当由出具单位重开或更正，更正处应当加盖出具单位印章。原始凭证金额有错误的，应当由出具单位重开，不得在原始凭证上更正。

（7）填制要及时。各种原始凭证一定要及时填写，并按规定的程序及时送交会计机构、会计人员进行审核。原始凭证的审核人员应检查有关数量、单价、金额是否正确无误，是否与实际业务一致。

（8）及时性的审查。经济业务发生后，业务经办人员应及时将原始凭证传递给会计部门进行处理，没有及时处理的经济业务会影响不同会计期间的会计信息的正确性，因此，原始凭证审核人员应对原始凭证上记录的经济业务的发生时间进行审核。

原始凭证的审核是一项政策性很强的工作，也是十分细致和严肃的工作，财会部门和会计人员必须坚守制度、坚持原则。

经审核的原始凭证应根据不同情况处理：

（1）对于完全符合要求的原始凭证，应及时据以编制记账凭证入账；

（2）对于真实、合法、合理但内容不够完整、填写有错误的原始凭证，应退回给有关经办人员，由其负责将有关凭证补充完整、更正错误或重开后，再办理正式会计手续；

（3）对于不真实、不合法的原始凭证，会计机构和会计人员有权不予接受，并向单位负责人报告。

（二）记账凭证的基本内容和填制要求

1. 记账凭证的概念

记账凭证又称记账凭单，是会计人员根据审核无误的原始凭证按照经济业务事项的内容加以归类，并据以确定会计分录后所填制的会计凭证。它是登记账簿的直接依据。

2. 记账凭证的种类

1）按内容分类

（1）收款凭证。收款凭证是指用于记录现金和银行存款收款业务的会计凭证。

（2）付款凭证。付款凭证是指用于记录现金和银行存款付款业务的会计凭证。

（3）转账凭证。转账凭证是指用于记录不涉及现金和银行存款业务的会计凭证。

2）按照填列方式分类

（1）复式凭证。复式凭证是指将每一笔经济业务事项所涉及的全部会计科目及其发生额均在同一张记账凭证中反映的一种凭证。

（2）单式凭证。单式凭证是指每一张记账凭证只填列经济业务事项所涉及的一个会计科目及其金额的记账凭证。填列借方科目的称为借项凭证，填列贷方科目的称为贷项凭证。

3. 记账凭证的基本内容

（1）记账凭证的名称；

（2）填制记账凭证的日期；

（3）记账凭证的编号；

（4）经济业务事项的内容摘要；

（5）经济业务事项所涉及的会计科目及其记账方向；

（6）经济业务事项的金额；

（7）记账标记；

（8）所附原始凭证张数；

（9）会计主管、记账、审核、出纳、制单等有关人员签章。

4. 记账凭证的编制要求

1）基本要求

（1）记账凭证各项内容必须完整。

（2）记账凭证应连续编号。一笔经济业务需要填制两张以上记账凭证的，可以采用分数编号法编号。

（3）记账凭证的书写应清楚、规范。相关要求同原始凭证。

（4）记账凭证可以根据每一张原始凭证填制，或根据若干张同类原始凭证汇总编制，也可以根据原始凭证汇总表填制；但不得将不同内容和类别的原始凭证汇总填制在一张记账凭证上。

（5）除结账和更正错误的记账凭证可以不附原始凭证外，其他记账凭证必须附有原始凭证。

（6）填制记账凭证时若发生错误，应当重新填制。已登记入账的记账凭证在当年内发现填写错误时，可以用红字填写一张与原内容相同的记账凭证，在摘要栏注明"注销某月某日某号凭证"字样，同时再用蓝字重新填制一张正确的记账凭证，注明"订正某月某日某号凭证"字样。如果会计科目没有错误，只是金额错误，也可将正确数字与错误数字之间的差额另编一张调整的记账凭证，调增金额用蓝字，调减金额用红字。发现以前年度记账凭证有错误的，应当用蓝字填制一张更正的记账凭证。

（7）记账凭证填制完经济业务事项后，如有空行，应当自金额栏最后一笔金额数字下的空行处至合计数上的空行处画线注销。

2）收款凭证的编制要求

收款凭证左上角的"借方科目"按收款的性质填写"库存现金"或"银行存款"；日期填写的是编制本凭证的日期；右上角填写编制收款凭证的顺序号；"摘要"填写对所记录的经济业务的简要说明；"贷方科目"填写与收入现金或银行存款相对应的会计科目；"记账"是指该凭证已登记账簿的标记，防止经济业务事项重记或漏记；"金额"是指该项经济业务事项的发生额；该凭证右边"附件张"是指本记账凭证所附原始凭证的张数；最下边分别由有关人员签章，以明确经济责任。

3）付款凭证的编制要求

付款凭证的编制方法与收款凭证基本相同，只是左上角由"借方科目"换为"贷方科目"，凭证中间的"贷方科目"换为"借方科目"。

对于涉及"库存现金"和"银行存款"之间的经济业务，一般只编制付款凭证，不编制收款凭证。

4）转账凭证的编制要求

转账凭证将经济业务事项中所涉及的全部会计科目按照先借后贷的顺序记入"会计科目"栏中的"一级科目"和"二级及明细科目"，并按应借、应贷方向分别记入"借方金额"或"贷方金额"栏。其他项目的填列与收、付款凭证相同。

5. 记账凭证的审核内容

记账凭证的审核内容主要包括：内容是否真实；项目是否齐全；科目是否正确；金额是否正确；书写是否正确。

出纳人员在办理收款或付款业务后，应在凭证上加盖"收讫"或"付讫"的戳记，以避免重收重付。

四、本章习题

（一）单项选择题

1. 某公司于 2015 年 10 月 12 日开出一张现金支票，对出票日期正确的填列方法是（　　）。

　　A. 贰零壹伍年壹拾月拾贰日　　　　B. 贰零壹伍年零壹拾月壹拾贰日
　　C. 贰零壹伍年拾月壹拾贰日　　　　D. 贰零壹伍年零拾月壹拾贰日

2. 原始凭证金额有错误的，应当（　　）。

　　A. 在原始凭证上更正　　　　　　　B. 由出具单位更正并且加盖公章
　　C. 由经办人更正　　　　　　　　　D. 由出具单位重开，不得在原始凭证上更正

3. 下列属于外来原始凭证的有（　　）。

　　A. 领料单　　　B. 限额领料单　　　C. 领料汇总表　　　D. 购货发票

4. 出纳人员在办理收款或付款后，应在（　　）上加盖"收讫"或付讫的戳记，以避免重收重付。

　　A. 记账凭证　　　B. 原始凭证　　　C. 收款凭证　　　D. 付款凭证

5. 某会计人员在审核记账凭证时，发现误将 1 000 元写成 100 元，尚未入账，一般应采用（　　）更正。

　　A. 重新编制记账凭证　　　　　　　B. 红字更正法

C. 补充登记法　　　　　　　　　D. 冲账法

6. 在一定时期内连续记录若干项同类经济业务的会计凭证是（　　）。

　　A. 原始凭证　　　　B. 累计凭证　　　　C. 记账凭证　　　　D. 一次凭证

7. 下列不属于原始凭证的是（　　）。

　　A. 发货票据　　　　B. 借款借据　　　　C. 经济合同　　　　D. 运费结算凭证

8. 向银行提取现金准备发放职工工资的业务，应根据有关原始凭证填制（　　）。

　　A. 收款凭证　　　　B. 付款凭证　　　　C. 转账凭证　　　　D. 收款和付款凭证

9. 用转账支票支付前欠货款，应填制（　　）。

　　A. 转账凭证　　　　B. 收款凭证　　　　C. 付款凭证　　　　D. 原始凭证

10. 差旅费报销单属于（　　）。

　　A. 记账凭证　　　　B. 自制原始凭证　　C. 外来原始凭证　　D. 累计凭证

11. 记账凭证应根据合法的（　　）填制。

　　A. 收款凭证　　　　B. 原始凭证　　　　C. 付款凭证　　　　D. 转账凭证

12. 记账凭证是（　　）的依据。

　　A. 编制报表　　　　B. 业务活动　　　　C. 登记账簿　　　　D. 原始凭证

13. 从银行提取现金，应填制（　　）。

　　A. 收款凭证　　　　B. 付款凭证　　　　C. 转账凭证　　　　D. 单式凭证

14. 会计凭证按其（　　）不同，可以分为原始凭证和记账凭证。

　　A. 反映业务的方法　　　　　　　B. 填制方式

　　C. 取得来源　　　　　　　　　　D. 填制的程序和用途不同

15. （　　）属于汇总原始凭证。

　　A. 入库单　　　　　B. 出库单　　　　　C. 银行转账支票　　D. 领料汇总表

（二）多项选择题

1. 记账凭证的填制可以根据（　　）。

　　A. 每一张原始凭证　　　　　　　B. 若干张同类原始凭证

　　C. 原始凭证汇总表　　　　　　　D. 不同内容和类别的原始凭证

2. 记账凭证填制以后，必须有专人审核，下列各项中属于其审核的主要内容有（　　）。

　　A. 是否符合原始凭证

　　B. 会计分录是否正确、对应关系是否清晰

　　C. 经济业务是否合法、合规，有无违法乱纪行为

　　D. 有关项目是否填列完备、有关人员签章是否齐全

3. 涉及现金与银行存款之间的划款业务时，可以编制的记账凭证有（　　）。

　　A. 银行存款收款凭证　　　　　　B. 银行存款付款凭证

　　C. 现金收款凭证　　　　　　　　D. 现金付款凭证

4. 会计凭证传递的组织工作主要包括（　　　）方面。

    A. 规定保管期限及销毁制度

    B. 规定会计凭证的传递路线

    C. 制定会计凭证传递过程中的交接签收制度

    D. 规定会计凭证在各个环节的停留时间

5. 下列会计凭证中，属于自制原始凭证的有（　　　）。

    A. 工资结算单　　　　　　　　　　B. 限额领料单

    C. 发料凭证汇总表　　　　　　　　D. 销售货物时开出的增值税专用发票

6. 记账凭证的填制，可以（　　　）。

    A. 根据每一张原始凭证填制　　　　B. 根据若干张同类原始凭证汇总填制

    C. 根据原始凭证汇总表填制　　　　D. 根据账簿记录填制

7. 记账凭证按其经济业务不同，可分为（　　　）。

    A. 收款凭证　　　　B. 转账凭证　　　　C. 汇总凭证　　　　D. 付款凭证

8. 记账凭证按其填制方法的不同，可分为（　　　）。

    A. 收款凭证　　　　B. 复式记账凭证　　C. 转账凭证　　　　D. 单式记账凭证

9. 原始凭证按其格式不同可分为（　　　）。

    A. 通用凭证　　　　B. 单用凭证　　　　C. 外来凭证　　　　D. 专用凭证

10. 在下列各项内容中，属于记账凭证编制基本要求的是（　　　）。

    A. 填写会计科目　　B. 附有原始凭证　　C. 连续编号　　　　D. 摘要简明扼要

11. 下列不属于原始凭证的有（　　　）。

    A. 银行存款余额调节表　　　　　　B. 派工单

    C. 用人计划表　　　　　　　　　　D. 发货单

12. 在借贷记账法下，收款凭证的借方科目是（　　　）。

    A. 应收账款　　　　B. 库存现金　　　　C. 应付账款　　　　D. 银行存款

13. 在借贷记账法下，付款凭证的借方科目可能是（　　　）。

    A. 盈余公积　　　　B. 库存现金　　　　C. 应付账款　　　　D. 银行存款

14. 记账凭证必须根据审核无误的原始凭证填制，除（　　　）的记账凭证可以不附原始凭证外，其他记账凭证必须附原始凭证。

    A. 收款　　　　　　B. 转账　　　　　　C. 结账　　　　　　D. 更正错误

15. 单位的职工出差归来报销差旅费并交回剩余现金的事项，根据差旅费报销单和收据，应填制的记账凭证有（　　　）。

    A. 现金付款凭证　　B. 现金收款凭证　　C. 银行收款凭证　　D. 转账凭证

（三）判断题

1. 会计凭证按其来源不同可以分为外来会计凭证和自制会计凭证两种。　　　　（　　　）

2. 记账凭证按其所反映的经济内容不同，可以分为原始凭证、汇总凭证和累计凭证。

（　　）

3. 原始凭证是经济业务发生或完成时取得或填制的。它载明经济业务的具体内容，明确经济责任，是具有法律效力的书面证明。　　　　　　　　　　　　　（　　）

4. 付款凭证是只用于银行存款付出业务的记账凭证。　　　　　　　　（　　）

5. 转账凭证是用于不涉及现金和银行存款收付业务的其他转账业务所用的记账凭证。

（　　）

6. 填制会计凭证，所有以元为单位的阿拉伯数字，除单价等情况外，一律填写到角分；有角无分的，分位应当写"0"或用符号"—"代替。　　　　　　　　　（　　）

7. 原始凭证的内容中应包括会计分录。　　　　　　　　　　　　　（　　）

8. 自制原始凭证是企业内部经办业务的部门和人员填制的凭证。　　　（　　）

9. 出纳人员在办理收、付款后，应在有关原始凭证上加盖"收讫"或"付讫"的戳记，以避免重收重付。　　　　　　　　　　　　　　　　　　　　　（　　）

10. 对于不真实、不合法的原始凭证，会计人员应要求有关经办人员及财务负责人签字后，再正式办理会计手续。　　　　　　　　　　　　　　　　　　　（　　）

（四）业务计算题

习题一

（一）目的：练习编制记账凭证。

（二）资料：某单位 2015 年 8 月份发生下列经济业务。

1. 8 月 4 日，收到 A 公司前欠货款 20 000 元存入银行。

2. 8 月 9 日，向 B 工厂购入甲材料，进价 46 800 元（含进项税 17%），货款以银行存款支付。材料已验收入库。

3. 8 月 11 日，从银行提取现金 52 000 元。

4. 8 月 16 日，销售甲产品一批计 37 440 元（含销项税 17%），收入现金全部送存银行。

5. 8 月 22 日，车间领甲材料 18 000 元用以生产甲产品。

6. 8 月 23 日，管理人员王某出差回来，报销差旅费 2 230 元，交回现金 270 元。

7. 8 月 26 日，销售给 C 公司乙产品一批，计价 40 014 元（含销项税 17%），货款未收。

8. 8 月 29 日，以银行存款支付电费 1 240 元，水费 480 元。

（三）要求：

1. 根据上列经济业务，确定应编制的记账凭证的种类。

2. 根据上列经济业务编制记账凭证。

（1）收款凭证见表 6-1。

表 6-1

收 款 凭 证

借方科目：　　　　　　　　　　年　月　日　　　　　　　　　　　　　____字　号
附件 ____张

摘要	贷方科目		金额	记账符号
	一级科目	明细科目		
合计				

会计主管：　　　　记账：　　　　　出纳：　　　　　复核：　　　　填制：

（2）付款凭证见表 6-2。

表 6-2

付 款 凭 证

贷方科目：　　　　　　　　　　年　月　日　　　　　　　　　　　　　____字____号
附件____张

摘要	借方科目		金额	记账符号
	一级科目	明细科目		
合计				

会计主管：　　　　记账：　　　　　出纳：　　　　　复核：　　　　填制：

（3）转账凭证见表 6-3。

表 6-3

转 账 凭 证

年　月　日　　　　　　　　　　　　　____字____号
附件____张

摘要	总账科目	明细科目	记账	借方金额	记账	贷方金额
合计						

习题二

（一）目的：练习编制记账凭证。

（二）资料：某商业企业 2015 年 4 月份发生下列部分经济业务。

1. 1 日，销售商品一批，售价 41 418 元（含税 17%），收入现金全部存入银行。

2. 5 日，从银行提取现金 20 000 元，准备发放工资。

3. 10 日，A 公司交来支票一张，计 15 000 元，归还前欠货款，支票存入银行。

4. 16 日，以现金支付本月房租 1 800 元。

5. 18 日，以银行存款支付商品采购运费 500 元。

6. 20 日，购入商品一批，进价 52 650 元（含税 17%），货款以银行存款支付，商品验收入库。

7. 30 日，摊销本月应负担的修理费 400 元。

8. 30 日，预提本月应负担的借款利息 1 200 元。

（三）要求：

1. 根据上列经济业务，确定应编制的记账凭证种类。

2. 编制记账凭证。

五、案例分析

案例 1：原始凭证的审核

某企业采购员王某利用到外地出差的机会，擅自将住宿旅馆的原发票的"单价 50 元/人，期间 10 天，金额 500 元"，改为"单价 150 元/人，期间 10 天，金额 1 500 元"。并在大写金额伍佰元整前补上壹仟，报销后，贪污金额 1 000 元。

问题：（1）出纳员如何审核此类虚假业务？

（2）如果清查后发现此问题，应如何处理？

案例 2：会计凭证的查询

王城实习的单位是一家外贸公司。一天销售部经理张敏前来找财务部经理要求查询去年一笔销售业务的原始单据。财务部经理在询问事由后同意了他的要求。由于正值月末，财务部人员都很忙，经理安排王城协助查找。王城根据张敏回忆的业务发生的大致时间，将去年 3—6 月份的一百多本凭证全部拿了出来，很快就找到了张敏要查的凭证。

问题：

（1）你知道王城是怎样查到的吗？

（2）请说明这样做的理由。

案例 3：记账凭证填制的资料

王旭是某公司行政事业部的职员。6 月份，王旭根据公司各部门申报的第三季度办公用品使用计划，进行了汇总，交给行政事业部经理审批。经行政事业部门协调，对汇总计划的部分项目进行了修改并签字同意实施。王旭将修改后的购置明细，通过电子邮件发往公司定点办公用品供应商——先锋办公用品公司订货。2 天后先锋办公用品公司将货物送到，送货人员将销售发票及销售清单交给王旭，王旭与行政事业部办公用品保管员共同清点后，在先锋办公用品公司的送货清单上签字；保管员填制入库单据，将第二联（财务记账联）交给王旭。随后王旭将行政事业部经理审批的购买计划、先锋办公用品公司销售发票、销售清单、保管员填制的入库单据第二联等一并送到公司财务部办理付款手续。

问题：

(1) 案例中如果你是财务部的会计，在王旭办理付款手续时会向他索取有关这一经济业务的哪些资料？为什么要索取这些资料？

(2) 索取这些资料后你会关注资料中的内容吗？有什么作用？

(3) 在办理付款手续后，财务部对这些资料将做何处理？

案例 4：记账凭证先盖章，会计人员钻空子

企业的现金应由专职的出纳员保管。现金的收支应由出纳员根据收付款凭证办理，业务办理完毕后由出纳员在有关的凭证上签字盖章。这是现金收支业务的正常账务处理程序。

但大连某实业公司却打乱了这个正常的账务处理程序。企业的现金由会计人员保管。现金的收支也由会计人员办理。更为可笑的是，该企业的记账凭证也是由出纳员张某先盖好印章放在会计人员那里，给会计人员作弊提供了可乘之机。

该实业公司会计（兼出纳）邵某就是利用这种既管钱又管账的"方便"条件，尤其是借用盖好章的记账凭证，编造虚假支出，贪污公款 1.4 万余元。

问题：通过本案例，指出该公司在会计管理方面存在的问题。

六、参考答案

（一）单项选择题

1. B　2. D　3. D　4. B　5. A　6. B　7. C　8. B　9. C　10. B　11. B　12. C　13. B　14. D　15. D

（二）多项选择题

1. ABC　2. ABD　3. BD　4. BD　5. ABCD　6. ABC　7. ABD　8. BD　9. AD　10. ABCD　11. ABC　12. BD　13. BD　14. CD　15. BD

（三）判断题

1. ×　2. ×　3. √　4. ×　5. √　6. ×　7. ×　8. √　9. √　10. ×

（四）业务核算题

习题一

1. 会计分录　借：银行存款　　　　　　　　　　　　20 000
　　　　　　　　贷：应收账款　　　　　　　　　　　　　20 000

编制银行存款收款凭证。

2. 借：原材料　　　　　　　　　　　　　　　　　　　40 000

　　　应交税费——应交增值税（进项税额）　　　　 6 800

　　　　贷：银行存款　　　　　　　　　　　　　　　　46 800

编制银行存款付款凭证。

3. 借：库存现金　　　　　　　　　　　　　　　　　 52 000

　　　　贷：银行存款　　　　　　　　　　　　　　　　52 000

编制银行存款付款凭证。

4. 借：银行存款　　　　　　　　　　　　　　　　　 37 440

　　　　贷：主营业务收入　　　　　　　　　　　　　　32 000

　　　　　　应交税费——应交增值税（销项税额）　　 5 440

编制银行存款付款凭证。

5. 借：生产成本　　　　　　　　　　　　　　　　　 18 000

　　　　贷：原材料　　　　　　　　　　　　　　　　　18 000

编制转账凭证。

6. 分别编制两个简单会计分录

借：管理费用　　　　　　　　　　　　　　　　　　　 2 230

　　贷：其他应收款——王某　　　　　　　　　　　　 2 230

编制转账凭证。

借：库存现金　　　　　　　　　　　　　　　　　　　　 270

　　贷：其他应收款——王某　　　　　　　　　　　　　 270

编制现金收款凭证。

7. 借：应收账款　　　　　　　　　　　　　　　　　 40 014

　　　　贷：主营业务收入　　　　　　　　　　　　　　34 200

　　　　　　应交税费——应交增值税（销项税额）　　 5 814

编制转账凭证。

8. 借：管理费用　　　　　　　　　　　　　　　　　　 1 720

　　　　贷：银行存款　　　　　　　　　　　　　　　　 1 720

编制银行存款付款凭证。

习题二

1. 银行存款收款凭证。

2. 银行存款付款凭证。

3. 银行存款收款凭证。

4. 16 日，以现金支付本月房租 1 800 元。

现金付款凭证。

5. 18 日，以银行存款支付商品采购运费 500 元。

银行存款付款凭证。

6. 银行存款收款凭证。

7. 30 日，摊销本月应负担的修理费 400 元。

转账凭证。

8. 30 日，预提本月应负担的借款利息 1 200 元。

转账凭证。

七、案例分析提示

案例 1：原始凭证的审核

（1）出纳员严格按照票据书写规定检查书写是否有问题，检查是否符合开支标准，凭证所填写的文字和金额是否字迹清楚、规范，使用的笔和颜色是否符合要求等。按照票据书写规定，应该大写金额与小写金额保持一致，并且小写金额前加"￥"符号，与金额间不得留有空格；大写金额前加"人民币"，并且与金额间不得留有空格。

（2）检查后发现问题，出纳员应拒绝受理并上报上级主管负责人。

案例 2：会计凭证的查询

（1）采用逆查法查找。

（2）会计上全面查找的方法有顺查法和逆查法两种。检查的方法是根据会计记账顺序先后来划分的。顺查法是指按照记账程序，先查原始凭证、记账凭证，再查账簿，后查会计报表。逆查法也称倒查法，与记账程序相反，先查会计报表，再查账簿记录，后查记账凭证、原始凭证。

案例 3：记账凭证填制的资料

（1）购货报销需要取得销售发票及销售清单、入库单或验收单及主管负责人授权批准的购买计划。

（2）原始凭证也称单据，是在经济业务发生或完成时取得或填制的，用以记录或证明经济业务的发生或完成情况的文字凭据。原始凭证是会计核算的原始资料和重要依据。会计人员应该关注凭证中经济业务是否合法、合理，数量、金额等是否正确，是否经有关人员授权批准等。只有经过审核无误的原始凭证才能编制记账凭证。

（3）办理付款手续后，出纳人员在单据上加盖"付讫"戳记，并由有关人员编制记账凭证据以登记账簿，同时把原始凭证作为附件附在记账凭证后面。

案例 4：记账凭证先盖章 会计人员钻空子

公司应根据具体经营内容的实际要求设置工作岗位，以满足财务管理、会计核算及其他相关工作的需要。

工作岗位的设置要符合内部牵制原则。会计工作岗位可以一人一岗或一人多岗，但要符合内部牵制原则，必须做到以下要求：出纳与会计岗位分离；办理货币资金业务的相关岗位应当相互制约，确保货币资金的安全；要专设出纳岗位负责货币资金的相关工作，但出纳人员不得兼管稽核、会计档案保管和收入、费用、债权债务科目的登记工作。应做到管账的不管钱，管钱的不管账。

第七章 会计账簿

一、本章学习目标

通过本章学习，应该准确理解账簿在会计核算中的地位和作用，掌握账簿的登记方法、错账的更正方法、结账和对账的方法。

二、本章知识结构

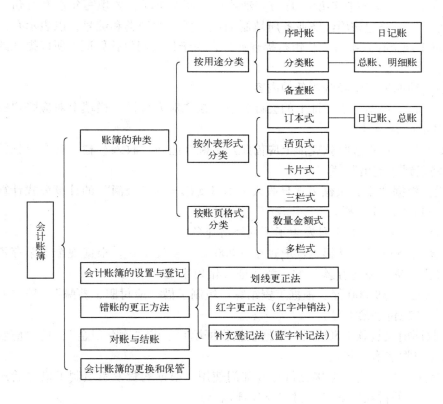

三、本章重点、难点分析

★ 账簿的设置与登记

★ 错账的更正方法

（一）账簿的设置与登记

1. 库存现金日记账和银行存款日记账的设置和登记

1) 库存现金日记账的设置和登记

库存现金日记账是由出纳人员根据库存现金收款凭证、库存现金付款凭证和银行存款付款凭证（特指从银行提取现金业务），按经济业务发生时间的先后顺序，逐日逐笔进行登记，并于每日业务终了时结出本日发生额和余额的会计账簿。库存现金日记账一般采用"三栏式账页"的"订本式会计账簿"。

库存现金日记账的登记方法如下。

（1）"日期"栏：将发生经济业务的日期记入"日期"栏，年度记入该栏的上端，月、日分两小栏登记，以后只有在年度、月份变动或填写新账页时，才填写年度和月份。

（2）"凭证号数"栏：登记该项经济业务所填制的记账凭证的种类和编号，以表示登记会计账簿的依据。对于现金存入银行或从银行提现业务，由于只填制付款凭证，所以提现的凭证号数也是"银付×号"。

（3）"摘要"栏：简明地记录经济业务的内容。

（4）"对方科目"栏：根据记账凭证上的会计分录，在"对方科目"栏填上对应账户的名称，表明该项业务的来龙去脉。

（5）"收入、支出"栏：现金收款凭证上应借账户金额登记到"收入"栏，现金付款凭证上应贷账户金额登记到"支出"栏。

（6）"余额"栏：根据"上日余额＋本日收入－本日支出＝本日余额"的计算公式计算出"本日余额"登记到"余额"栏。

【例7-1】　某企业××年1月1日发生了下列经济业务。

① 填制现金支票（5566号）从银行提取现金9 000元，备发工资。根据现金支票存根填制了借"库存现金"，贷"银行存款"的付款凭证（银付字第1号）。

② 以现金发放职工工资9 000元。根据工资结算单填制了借"应付职工薪酬"，贷"库存现金"的付款凭证（现付字第1号）。

③ 以资金方式收回前欠货款1 500元。根据收款收据填制了借"库存现金"，贷"应收账款"的收款凭证（现收字第1号）。

④ 以现金800元购买办公用品直接交付行政部门使用。根据购货发票填制了借"管理费用"，贷"库存现金"的付款凭证（现付字第2号）。

根据上述经济业务的收、付款凭证登记库存现金日记账（见表7-1）。其库存现金日记账1月1日末余额的算式是：

$$1 日末余额 = 500 + 10\ 500 - 9\ 800 = 1\ 200（元）$$

表 7-1

库存现金日记账

×年		凭证号数	摘要	对方科目	收入							支出							结存						
月	日				万	千	百	十	元	角	分	万	千	百	十	元	角	分	万	千	百	十	元	角	分
1	1		上年结转																		5	0	0	0	0
	2	银付1	提现	银行存款		9	0	0	0	0	0														
	2	现付1	发工资	应付职工薪酬									9	0	0	0	0	0							
	2	现收1	收回欠款	应收账款		1	5	0	0	0	0														
	2	现付2	付办公费	管理费用										8	0	0	0	0							
	2		本日合计		1	0	5	0	0	0	0		9	8	0	0	0	0		1	2	0	0	0	0
	⋮		（略）																						
	31		本日合计				2	5	0	0	0			5	5	0	0	0			2	0	0	0	0
	31		本月合计		1	8	5	2	0	0	0	1	8	8	2	0	0	0			2	0	0	0	0

2）银行存款日记账的设置和登记

银行存款日记账是由出纳人员根据银行存款收款凭证、银行存款付款凭证和现金付款凭证（特指将现金存入银行业务），按经济业务发生时间的先后顺序，逐日逐笔进行登记，并于每日业务终了时结出本日发生额和余额的会计账簿。银行存款日记账一般采用"三栏式账页"的"订本式会计账簿"。

银行存款日记账的登记方法与库存现金日记账基本相同，所不同的是增加了现金支票号数和转账支票号数栏，以便与开户银行对账。银行存款日记账见表7-2。

【提示】 库存现金日记账和银行存款日记账必须逐日结出余额，都由出纳登记，且必须使用订本账。

表 7-2

银行存款日记账

×年		凭证号数	摘要	现金支票号数	转账支票号数	对方科目	借方	贷方	余额
月	日								
1	1		上年结转						20 000
	2	银付1	提现	5 566		库存现金		2 000	18 000
	2	银付2	付购料款		2 201	材料采购		6 000	12 000
	2	银收1	收到货款		3 301	应收账款	2 000		14 000
	2		本日合计				2 000	8 000	14 000
	⋮		?（略）						
	31		本日合计				3 900	1 500	22 400
	31		本月合计				18 600	16 200	22 400

2. 总分类账的设置和登记

总分类会计账簿简称为"总账"，它是按每一个总分类科目开设账户，进行分类登记的会计账簿，一般有"三栏式""多栏式"等不同的格式。总分类会计账簿一般采用"三栏式账页"的"订本式会计账簿"。

总分类会计账簿按采用的账务处理程序不同，可以根据记账凭证直接登记，也可根据科目汇总表、汇总记账凭证等登记。

【例7-2】　业务内容见例7-1，其"三栏式"库存现金总账的登记方法见表7-3。

表7-3

总　账

会计科目：**库存现金**　　　　　　　　　　　　　　　　　　　　　　　　　　　　　　　第1页

×年		凭证号数	摘　要	借　方								贷　方								借或贷	余　额							
月	日			万	千	百	十	元	角	分	万	千	百	十	元	角	分			万	千	百	十	元	角	分
1	1		上年结转																借		5	0	0	0	0
	2	银付1	提现		9	0	0	0	0	0									借		9	5	0	0	0	0
	2	现付1	发工资									9	0	0	0	0	0		借			5	0	0	0	0
	2	现收1	收回欠款		1	5	0	0	0	0									借		2	0	0	0	0
	2	现付2	付办公费										8	0	0	0	0		借		1	2	0	0	0	0
	⋮		（略）																							
	31		本月合计	1	8	5	2	0	0	0	1	8	8	2	0	0	0		借			2	0	0	0	0

3. 明细分类账的设置和登记

1）三栏式明细分类账的设置和登记

三栏式明细分类账账页，只设有借方、贷方和余额三个金额栏，不设数量栏。它适用于只需要反映金额的经济业务，如"应收账款""应付账款"等债权、债务结算账户。三栏式明细账登记方法与上述总分类账基本相同。

2）数量金额式明细账设置和登记

数量金额式明细账的账页，分别在收入、发出和结存各栏内，又分"数量""单价"和"金额"三栏。适用于既要进行金额核算，又要进行实物数量核算的各种财产物资账户，如"原材料""库存商品"等账户的明细分类核算。

【例7-3】　某企业2015年3月份发生下列几笔有关经济业务。

① 5日，验收入库甲材料60件，单价5.20元，根据验收单编制了第1号转账凭证。

② 10日，仓库发出甲材料50件，根据发料单编制了第2号转账凭证。

③ 24日，验收入库甲材料20件，单价4.80元，根据验收单编制了第3号转账凭证，见表7-4。

④ 27 日，仓库发出甲材料 40 件，根据发料单编制了第 4 号转账凭证。

根据转账凭证登记了"原材料"明细账如表 7-4 所示。其平均单价 5.15 元和 5.01 元的计算过程如下：

① $5.15 = (100.00 + 312.00) \div (20 + 60)$

② $5.01 = (154.50 + 96.00) \div (30 + 20)$

原材料明细账的登记方法见表 7-4。

表 7-4

原材料明细账

材料名称：甲材料　　　　　　材料编号：0001　　　　　　　　　材料规格：TTY

存放地点：2 号仓库　　　　　　　　　　　　　　　　　　　　　计量单位：件

2005 年		凭证号数	摘要	收入			发出			结存		
月	日			数量	单价	金额	数量	单价	金额	数量	单价	金额
3	1		期初结存							20	5.00	100.00
	5	转 1	购入	60	5.20	312.00				80	5.15	412.00
	10	转 2	发出				50	5.15	257.50	30	5.15	154.50
	24	转 3	购入	20	4.80	96.00				50	5.01	250.50
	27	转 4	发出				40	5.01	200.40	10	5.01	50.10
	31		本月合计	80		408.00	90		457.90	10	5.01	50.10

3）多栏式明细账的账页格式及其登记方法

多栏式明细账一般采用活页式会计账簿，是根据经济业务的特点和经营管理的需要在账页的借方或贷方分设若干专栏（十三栏、十七栏两种），以便对账户登记内容进行明细分类核算，适用于收入、成本及费用类账户的明细核算。其账页基本格式有设余额栏的多栏式和不设余额栏的多栏式，又分为借方多栏、贷方多栏和借贷方均多栏三种格式。

【例 7-4】　某企业 2015 年 3 月份发生下列几笔有关经济业务。

① 3 日，第一基本生产车间领用原材料 450 元，用于一般消耗。根据领料单填制了借"制造费用"，贷"原材料"的转账凭证（第 5 号）。

② 30 日，计提第一基本生产车间固定资产折旧 550 元。根据固定资产折旧计算表填制了借"制造费用"，贷"累计折旧"的转账凭证（第 6 号）。

③ 30 日，分配第一基本生产车间管理人员工资 500 元；计提第一基本生产车间管理人员的职工福利费 70 元。根据工资及福利费分配表填制了借"制造费用"，贷"应付职工薪酬"的转账凭证（第 7 号）。

④ 31 日，分配结转本月制造费用 1 570 元。根据制造费用分配表填制了借"生产成本"，贷"制造费用"的转账凭证（第 8 号）（见表 7-5）。

表 7-5

制造费用明细分类账　　明细项目：第一生产车间　　　子目　　　第 1 页

2005 年		凭证号数	摘要	借 方						贷方	余额
月	日			物料消耗	折旧费	工资	职工福利费	…	合计		
3	3	转 5	消耗材料	450.00					450.00		450.00
	30	转 6	计提折旧		550.00				550.00		1 000.00
	30	转 7	分配工资及福利费			500.00	70.00		570.00		1 570.00
	31	转 8	结转制造费用							1 570.00	0
	31		本月合计	450.00	550.00	500.00	70.00		1 570.00	1 570.00	0

4）备查账簿的设置和登记

备查账可以为某些经济业务提供必要的补充资料，它没有统一的格式，各单位可根据实际工作的需要来设置，如"租入固定资产登记簿"，见表 7-6。

表 7-6

租入固定资产登记簿

第　　　页

固定资产名称及规格	租约合同号数	租出单位	租入日期	租金	使用部门		归还日期	备注
					日期	单位		

（二）错账更正方法

如果发现账簿记录有错误，应按规定的方法进行更正，不得涂改、挖补或用化学试剂消除字迹。错账的更正方法有三种。

1. 划线更正

划线更正又称红线更正。如果发现账簿记录有错误，而其所依据的记账凭证没有错误，即纯属记账时文字或数字的笔误，应采用划线更正的方法进行更正。更正的方法如下。

（1）将错误的文字或数字划一条红色横线注销，但必须使原有字迹仍可辨认，以备查找。

（2）在划线的上方用蓝字或黑字将正确的文字或数字填写在同一行的上方位置，并由更正人员在更正处盖章，以明确责任。

2. 红字更正

红字更正又称红字冲销。在会计上，以红字记录表明对原记录的冲减。红字更正适用于以下两种情况。

（1）根据记账凭证所记录的内容记账以后，发现记账凭证中的应借、应贷会计科目或记账方向有错误，且记账凭证同账簿记录的金额相吻合，应采用红字更正。更正的方法如下。

① 先用红字填制一张与原错误记账凭证内容完全相同的记账凭证，并据以用红字登记入账，冲销原有错误的账簿记录。

② 用蓝字或黑字填制一张正确的记账凭证，并据以用蓝字或黑字登记入账。

【例7-5】　以现金支付银行利息800元，在填制记账凭证时误记入"银行存款"科目，并据以登记入账，其错误记账凭证所反映的会计分录为：

借：应付利息　　　　　　　　　　　　　　　　　　　　　　　　800
　贷：银行存款　　　　　　　　　　　　　　　　　　　　　　　　800

该项分录应贷记"库存现金"科目。在更正时，应用红字金额编制如下记账凭证进行更正。

借：应付利息　　　　　　　　　　　　　　　　　　　　　　　800
　贷：银行存款　　　　　　　　　　　　　　　　　　　　　　　800

错误的记账凭证以红字记账更正后，表明已全部冲销原有错误记录，然后用蓝字或黑字填制如下正确分录，并据以登记入账：

借：应付利息　　　　　　　　　　　　　　　　　　　　　　　　800
　贷：库存现金　　　　　　　　　　　　　　　　　　　　　　　　800

（2）根据记账凭证所记录的内容记账以后，发现记账凭证中应借、应贷的会计科目和记账方向都没有错误，记账凭证和账簿记录的金额也吻合，只是所记金额大于应记的正确金额，应采用红字更正。更正的方法是将多记的金额用红字填制一张与原错误记账凭证所记载的借贷方向、应借应贷会计科目相同的记账凭证，并据以登记入账，以冲销多记金额，求得正确金额。

【例7-6】　用银行存款4 000元购买办公用品，在填制记账凭证时，误记金额为40 000元，但会计科目、借贷方向均无错误，其错误记账凭证所反映的会计分录为：

借：管理费用　　　　　　　　　　　　　　　　　　　　　　40 000
　贷：银行存款　　　　　　　　　　　　　　　　　　　　　　40 000

在更正时，应用红字金额36 000元编制如下记账凭证进行更正。

借：管理费用　　　　　　　　　　　　　　　　　　　　　36 000
　贷：银行存款　　　　　　　　　　　　　　　　　　　　　36 000

错误的记账凭证以红字记账更正后，即可反映其正确金额为4 000元。

如果记账凭证所记录的文字、金额与账簿记录的文字、金额不符，应首先采用划线法更正，然后再用红字冲销法更正。

3. 补充登记

补充登记又称蓝字补记。根据记账凭证所记录的内容记账以后，发现记账凭证中应借、应贷的会计科目和记账方向都没有错误，记账凭证和账簿记录的金额也吻合，只是所记金额小于应记的正确金额，应采用补充登记法。更正的方法是将少记的金额用蓝字或黑字填制一张与原错误记账凭证所记载的借贷方向、应借应贷会计科目相同的记账凭证，并据以登记入账，以补记少记金额，求得正确金额。

【例7-7】 用银行存款40 000元购买原材料，在填制记账凭证时，误记金额为4 000元，但会计科目、借贷方向均无错误，其错误记账凭证所反映的会计分录为：

借：原材料　　　　　　　　　　　　　　　　　　　　　　4 000
　　贷：银行存款　　　　　　　　　　　　　　　　　　　　　　　4 000

在更正时，应用蓝字或黑字编制如下记账凭证进行更正：

借：原材料　　　　　　　　　　　　　　　　　　　　　　36 000
　　贷：银行存款　　　　　　　　　　　　　　　　　　　　　　36 000

错误的记账凭证以蓝字或黑字记账更正后，即可反映其正确的金额为40 000元。

如果记账凭证中所记录的文字、金额与账簿记录的文字、金额不符，应首先采用划线法更正，然后用补充登记法更正。

四、本章习题

（一）单项选择题

1. 下列错账中，可以采用红字更正法更正的是（　　　）。
   A. 在结账前发现账簿记录有文字或数字错误，而记账凭证没有错误
   B. 记账后在当年内发现记账凭证所记的会计科目错误
   C. 记账后在当年内发现记账凭证所记金额小于应记金额
   D. 记账后发现记账凭证填写的会计科目无误，只是所记金额小于应记金额

2. 记账以后，发现记账凭证中科目正确，但所记金额小于应记的金额，应采用（　　　）进行更正。
   A. 红字更正法　　　B. 平行登记法　　　C. 补充登记法　　　D. 划线更正法

3. "应付账款"明细账一般采用（　　　）账页。
   A. 三栏式　　　　　B. 多栏式　　　　　C. 平行式　　　　　D. 数量金额式

4. （　　　）的目的是为了账簿记录的真实、可靠、正确、完整。
   A. 过账　　　　　　B. 结账　　　　　　C. 转账　　　　　　D. 对账

5. 租入固定资产登记簿属于（　　　）。
   A. 序时账　　　　　B. 明细分类账　　　C. 总分类账　　　　D. 备查账簿

6. 多栏式银行存款日记账属于（　　　）。
   A. 总分类账　　　　B. 明细分类账　　　C. 备查账簿　　　　D. 序时账

7. 登记银行存款支出业务的日记账依据是（　　　）。

A. 现金收款凭证   B. 现金付款凭证

C. 银行存款收款凭证   D. 银行存款付款凭证

8. 库存商品明细账通常采用（　　）账簿。

  A. 多栏式   B. 三栏式   C. 数量金额式   D. 数量式

9. "原材料"、"库存商品"等存货类明细账，一般采用（　　）账簿。

  A. 三栏式   B. 多栏式   C. 数量金额式   D. 横线登记式

10. 在登记账簿时，每记满一页时，应（　　）。

  A. 计算本页的发生额

  B. 计算本页的余额

  C. 计算本页的发生额和余额，同时在摘要栏注明"转次页"字样

  D. 不计算本页的发生额和余额，但应在摘要栏注明"转次页"字样

11. 下列对账工作中属于账实核对的是（　　）。

  A. 总分类账与所属明细分类账核对

  B. 总分类账与日记账核对

  C. 企业银行存款日记账与银行对账单核对

  D. 会计部门的财产物资明细账与财产物资保管部门的有关明细账核对

12. 能提供某一类经济业务增减变化总括会计信息的账簿是（　　）。

  A. 明细分类账   B. 日记账   C. 备查账   D. 总分类账

13. 一般情况下，适合于采用活页式账簿形式的是（　　）。

  A. 明细分类账   B. 银行存款日记账   C. 现金日记账   D. 备查账簿

14. 材料明细账登记的依据是审核无误的（　　）。

  A. 原始凭证   B. 会计凭证   C. 付款凭证   D. 转账凭证

15. 用现金支付职工的差旅费 78 元，会计人员编制的记账凭证为：借记管理费用 87 元，并登入账。更正的方法是（　　）。

  A. 重新编制正确凭证 B. 红字更正法   C. 划线更正法   D. 补充登记法

16. 填制记账凭证时无误，根据记账凭证登记账簿时，将 10 000 元误记为 1 000 元，已登记入账，更正时应采用（　　）。

  A. 划线更正法   B. 红字更正法   C. 补充登记法   D. 更换账页法

17. 编制会计报表的主要依据是（　　）提供的核算信息。

  A. 日记账   B. 分类账簿   C. 备查账簿   D. 科目汇总表

18. 下列各项中，应设置备查账簿进行登记的是（　　）。

  A. 经营性租出的固定资产   B. 经营性租入固定资产

  C. 无形资产   D. 资本公积

19. 下列记账错误中，适合用"除 2 法"进行查找的是（　　）。

  A. 数字顺序错位   B. 相邻数字颠倒   C. 记反账   D. 漏记或重记

20. 某企业通过银行收回应收账款 8 000 元，在填制记账凭证时，误将金额记为 6 000 元，并已登记入账。当年发现记账错误，更正时应采用的更正方法是（　　　）。

    A. 重编正确的收款凭证　　　　　　　　B. 划线更正法

    C. 红字更正法　　　　　　　　　　　　D. 补充登记法

（二）多项选择题

1. 下列账簿属于明细分类账账页格式的是（　　　）。

    A. 三栏式　　　　　B. 多栏式　　　　　C. 卡片式　　　　　D. 数量金额式

2. 规定的结账时期为（　　　）。

    A. 一年　　　　　　B. 半年　　　　　　C. 一个季度　　　　D. 一个月

3. 下列各项方法属于更正错账方法的是（　　　）。

    A. 划线更正　　　　B. 补充登记　　　　C. 平行登记　　　　D. 红字更正

4. 下列各项属于对账内容的是（　　　）。

    A. 明细账与总账核对　　　　　　　　　B. 库存商品账与实物核对

    C. 库存现金与现金账核对　　　　　　　D. 记账凭证与原始凭证核对

5. 在下列各账户中，需要在年末将余额过入新账簿的是（　　　）。

    A. 应收账款　　　　B. 应付账款　　　　C. 银行存款　　　　D. 预付账款

6. 记账时可以使用红色墨水的情况有（　　　）。

    A. 结账　　　　　　B. 补充　　　　　　C. 冲销　　　　　　D. 改错

7. 在下列各账户中，可以采用多栏式明细账簿的是（　　　）。

    A. 生产成本　　　　B. 管理费用　　　　C. 制造费用　　　　D. 应收账款

8. 账簿按装订形式分为（　　　）。

    A. 卡片　　　　　　B. 活页式　　　　　C. 订本账　　　　　D. 备查账

9. 下列对账中，属于账账核对的有（　　　）。

    A. 银行存款日记账与银行对账单的核对

    B. 应收、应付明细账与债权、债务人账项核对

    C. 财产物资明细账与财产物资保管明细账核对

    D. 现金日记账余额与现金总账余额核对

10. 下列各账户中，既要提供金额指标又要提供实物指标的明细分类账户有（　　　）。

    A. "应付账款" 账户　　　　　　　　　B. "原材料" 账户

    C. "产成品" 账户　　　　　　　　　　D. "生产成本" 账户

11. 下列项目中属于对账范围的有（　　　）。

    A. 账簿记录与有关会计凭证的核对

    B. 库存商品明细账余额与库存商品的核对

    C. 日记账余额与有关总分类账余额的核对

D. 账簿记录与有关报表的核对

12. 下列明细账中，一般采用多栏式明细分类账的有（　　　）。

　　A. 应收账款明细账　B. 库存商品明细账　C. 生产成本明细账　D. 本年利润明细账

13. 下列说法不正确的有（　　　）。

　　A. 企业应收、应付明细账与对方单位账户记录核对属于账账核对

　　B. 所有账簿，每年必须更换新账

　　C. 除结账和更正错账外，一律不得用红色墨水登记账簿

　　D. 账簿记录正确并不一定保证账实相符

14. 下列错账，适用于"除9法"查找的有（　　　）。

　　A. 发生角、分的差错　　　　　　　　　B. 将 50 000 元写成 5 000 元

　　C. 将 700 元写成 7 000 元　　　　　　 D. 将 86 000 元写成 68 000 元

15. 记账后发现记账凭证中应借、应贷会计科目正确，只是金额发生错误，可采用的错账更正方法是（　　　）。

　　A. 划线更正法　　　　B. 横线更正法　　　　C. 红字更正法　　　　D. 补充登记法

（三）判断题

1. 账簿按用途分类可以分为日记账、分类账和备查账簿三种。　　　　　　　　（　　　）

2. 记账以后，发现所记金额小于应记金额，但记账凭证正确，应采用红字更正法进行更正。　　　　　　　　　　　　　　　　　　　　　　　　　　　　　　　　　（　　　）

3. 银行存款日记账应属于总分类账。　　　　　　　　　　　　　　　　　　　（　　　）

4. 多栏式明细账必须适用于资产类账户。　　　　　　　　　　　　　　　　　（　　　）

5. 现金日记账必须采用订本式账簿。　　　　　　　　　　　　　　　　　　　（　　　）

6. 产成品明细账应采用三栏式账簿，以反映其收入、发出和结存数。　　　　　（　　　）

7. 现金日记账的账页格式均为三栏式，而且必须采用订本式。　　　　　　　　（　　　）

8. 记账以后，发现记账凭证中会计科目及账户对应关系正确，而所记金额大于应记金额，可以用红字登记法予以更正。　　　　　　　　　　　　　　　　　　　　（　　　）

9. 序时账和分类账所提供的核算信息是编制会计报表的主要依据。　　　　　　（　　　）

10. 对各种明细账除可采用活页账外表形式外，还可采用卡片账外表形式。　　（　　　）

11. 所有账簿，每年必须更换。　　　　　　　　　　　　　　　　　　　　　（　　　）

12. 对需结计本年累计发生额的账户，结计"过次页"的本页合计数应为年初起至本月末止的累计数。　　　　　　　　　　　　　　　　　　　　　　　　　　　　　（　　　）

13. 在每个会计期间可多次登记账簿，但结账一般只能进行一次。　　　　　　（　　　）

14. 会计账簿的记录是编制会计报表的前提和依据，也是检查、分析和控制单位经济活动的重要依据。　　　　　　　　　　　　　　　　　　　　　　　　　　　　　（　　　）

15. 由于记账凭证错误而造成的账簿记录错误，应采用划线更正法进行更正。　（　　　）

（四）业务计算题

习题一

（一）目的：练习登记银行存款和现金日记账。

（二）资料：某企业 2015 年 7 月 31 日银行存款日记账余额为 300 000 元；现金日记账的余额为 3 000 元。8 月上旬发生下列银行存款和收付业务。

1. 1 日，投资者投入现金 25 000 元，存入银行（银收 801 号）。
2. 1 日，以银行存款 10 000 元归还短期借款（银付 801 号）。
3. 2 日，以银行存款 20 000 元偿还应付账款（银付 802 号）。
4. 2 日，以现金 1 000 元存入银行（现付 801 号）。
5. 3 日，用现金暂付职工差旅费 800 元（现付 802 号）。
6. 3 日，从银行提取现金 2 000 元备用（银付 803 号）。
7. 4 日，收到应收账款 50 000 元存入银行（银收 802 号）。
8. 5 日，以银行存款 40 000 元支付购买材料款（银付 804 号）。
9. 5 日，以银行存款 1 000 元支付购入材料运费（银付 805 号）。
10. 6 日，从银行提取现金 18 000 元，准备发放职工工资（现付 803 号）。
11. 6 日，用现金 18 000 元发放职工工资（现付 803 号）。
12. 7 日，以银行存款支付本月电费 1 800 元（银付 807 号）。
13. 8 日，销售产品一批，货款 51 750 元存入银行（银收 803 号）。
14. 9 日，用银行存款支付销售费用 410 元（银付 808 号）。
15. 10 日，用银行存款上交销售税金 3 500 元（银付 809 号）。

（三）要求：登记银行存款日记账（见表 7-7）和现金日记账，并结算出 10 日的累计余额（见表 7-8）。

表 7-7

现金日记账

金额单位：元

年		凭证号数	摘要	对方科目	收入	支出	结余
月	日						

表 7-8

银行存款日记账

金额单位：元

年		凭证号数	摘要	对方科目	收入	支出	结余
月	日						

习题二

（一）目的：练习错账更正方法。

（二）资料：某企业将账簿记录与记账凭证进行核对时，发现下列经济业务内容的账簿记录有误：

1. 开出现金支票 600 元，支付企业管理部门日常零星开支。原编记账凭证的会计分录：

借：管理费用　　　　　　　　　　　　　　　　　　600

　贷：库存现金　　　　　　　　　　　　　　　　　　600

2. 签发转账支票 3 000 元预付本季度办公用房租金。原编记账凭证的会计分录：

借：预付账款　　　　　　　　　　　　　　　　　　300

　贷：银行存款　　　　　　　　　　　　　　　　　　300

3. 结转本月实际完工产品的生产成本 49 000 元。原编记账凭证的会计分录为：

借：库存商品　　　　　　　　　　　　　　　　　94 000

　贷：生产成本　　　　　　　　　　　　　　　　　94 000

4. 购入材料一批，计货款 7 600 元（含增值税 17%）。原编记账凭证的会计分录为：

借：材料采购　　　　　　　　　　　　　　　　　7 600

　贷：银行存款　　　　　　　　　　　　　　　　　7 600

5. 计提本月厂部固定资产折旧费 4 100 元。原编记账凭证的会计分录为：

借：管理费用　　　　　　　　　　　　　　　　　1 400

　贷：累计折旧　　　　　　　　　　　　　　　　　1 400

6. 结算本月应付职工工资，其中生产工人工资为 14 000 元，管理人员工资为 3 400 元。原编记账凭证的会计分录为：

借：生产成本　　　　　　　　　　　　　　　　　1 400

      管理费用   340

    贷：应付职工薪酬   1 740

    7. 结转本期商品销售收入 480 000 元，原编记账凭证的会计分录为：

    借：本年利润   450 000

      贷：主营业务收入   450 000

    8. 用银行存款支付所欠供货单位货款 7 600 元，原编记会计分录为：

    借：应付账款   6 700

      贷：银行存款   6 700

    9. 以现金支付采购人员预借差旅费 2 000 元，原编记账凭证的会计分录为：

    借：其他应付款   2 000

      贷：库存现金   2 000

    10. 车间管理人员出差回来报销差旅费 1 900 元，交回现金 100 元，予以转账。原编记账凭证的会计分录为：

    借：管理费用   1 900

      库存现金   100

      贷：其他应收款   2 000

（三）要求：将上列各项经济业务的错误记录分别以适当的更正错账方法予以更正。

五、案例分析

    陈先生新注册成立了一家装修公司，因为公司规模不大，成立初期业务不是特别多，所以陈先生自己临时兼任出纳。由于他所学财会知识有限，对会计业务不是特别熟悉，记账时有时出现差错，为此他用了一本活页式账簿，当出现差错时，就把有差错的账页换掉，这样即使有差错，也不会在账簿中出现。

    问题：请你指出陈先生上述做法的错误之处。

六、参考答案

（一）单项选择题

    1. B 2. C 3. A 4. D 5. D 6. D 7. D 8. C 9. C 10. C 11. C 12. D 13. A 14. B 15. B 16. A 17. B 18. B 19. C 20. D

（二）多项选择题

    1. ABCD 2. ACD 3. ABD 4. ABC 5. ABCD 6. ACD 7. ABC 8. ABC 9. CD

10. BC　11. ABC　12. CD　13. ABCD　14. BCD　15. CD

（三）判断题

1. √　2. ×　3. ×　4. ×　5. √　6. ×　7. ×　8. √　9. ×　10. √　11. ×
12. √　13. √　14. √　15. ×

（四）业务计算题

习题一

参见表 7-9 和表 7-10。

表 7-9

银行存款日记账

金额单位：元

2015 年 8 月	日	凭证号数	摘要	对方科目	收入	支出	结余
	1		期初余额				300 000
	1	银收 801	收到投资者投入现金	实收资本	25 000		325 000
	1	银付 801	归还短期借款	短期借款		10 000	225 000
	2	银付 802 号	偿还应付账款	应付账款		20 000	205 000
	2	现付 801 号	现金存入银行	库存现金	1 000		206 000
	3	现付 802 号	暂付职工差旅费	其他应收款		800	205 200
	3	银付 803 号	银行提取现金备用	库存现金		2 000	203 200
	4	银收 802 号	收到应收账款存入银行	应收账款	50 000		253 200
	5	银付 804 号	银行存款支付购买材料款	原材料	40 000		213 200
	5	银付 805 号	银行存款支付购入材料运费	原材料		1 000	212 200
	6	现付 803 号	银行提现备发工资	库存现金		18 000	194 200
	7	银付 807 号	银行存款支付本月电费	管理费用		1 800	192 400
	8	银收 803 号	销售产品货款存入银行	主营业务收入	51 750		244 150
	9	银付 808 号	银行存款支付销售费用	销售费用		410	243 740
	10	银付 809 号	银行存款上交销售税金	应交税费		3 500	240 240

表 7-10

现金日记账

金额单位：元

2015 年		凭证号数	摘要	对方科目	收入	支出	结余
8 月	日						
	1		期初余额				3 000
	2	现付 801 号	以现金 1 000 元存入银行			1 000	4 000
	3	现付 802 号	用现金暂付职工差旅费			800	3 200
	3	银付 803 号	银行提取现金备用		2 000		5 200
	6	现付 803 号	银行提现准备发放工资		18 000		23 200
		现付 804 号	用现金发放职工工资			18 000	5 200

习题二

1. 红字更正法

借：管理费用　　　　　　　　　　　　600

　　贷：库存现金　　　　　　　　　　600

借：管理费用　　　　　　　　　　　　600
　　贷：银行存款　　　　　　　　　　600

2.

补充登记：

借：预付账款　　　　　　　　　　　2 700
　　贷：银行存款　　　　　　　　　　2 700

3.

红字更正：

借：库存商品　　　　　　　　　　　45 000

　　贷：生产成本　　　　　　　　　　45 000

4.

红字更正：

借：在途物资　　　　　　　　　　　11 700

　　贷：银行存款　　　　　　　　　　11 700

借：在途物资   10 000
  应交税费——应交增值税 1 700
  贷：银行存款   11 700
5.
补充登记：
借：管理费用   2 700
  贷：累计折旧   2 700
6.
补充登记：
借：生产成本   12 600
  管理费用   3 060
  贷：应付职工薪酬   15 660
7.
红字更正：
借：本年利润   450 000
  贷：主营业务收入   450 000
借：主营业务收入   480 000
  贷：本年利润   480 000
8.
补充登记：
借：应付账款   900
  贷：银行存款   900
9.
红字更正
借：其他应付款   2 000
  贷：库存现金   2 000
借：其他应收款   2 000
  贷：库存现金   2 000
10.
红字更正：
借：管理费用   1 900
  库存现金   100

贷：其他应收款		2 000
借：制造费用	1 900	
库存现金	100	
贷：其他应收款		2 000

七、案例分析提示

　　根据规定，出纳员负责登记现金和银行存款的记账，日记账簿必须采用订本式账簿，不能采用活页式账簿。另外，出现记账错误时应按规定的处理办法进行更正，不能随便更正。

第八章 财产清查

一、本章学习目标

通过本章学习，应该准确理解财产清查的意义和作用，在了解财产清查的程序和方法的基础上，掌握存货的两种盘存制度及其会计处理方法，以及财产清查结果的账务处理方法。

二、本章知识结构

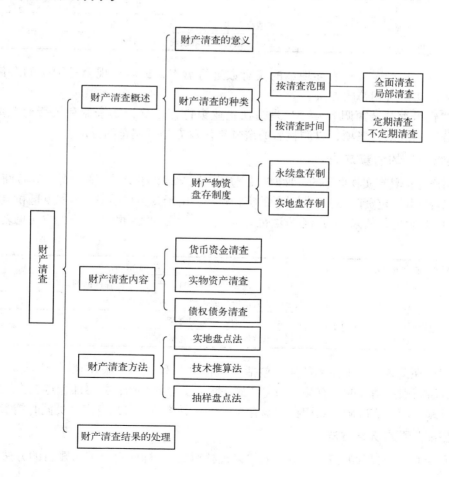

三、本章重点、难点分析

★ 财产清查方法；

★ 未达账项；

★ 财产清查结果的会计处理。

（一）财产清查内容及方法

1. 货币资金清查的内容

货币资金的清查主要包括对库存现金的清查和对银行存款的清查两个方面。货币资金清查的内容不同，所采用的清查方法也有所不同，见表8-1。

表8-1

清查内容	清查方法
库存现金	实地盘点法
银行存款	编制"银行存款余额调节表"法

实地盘点法是指通过对库存现金的实有数进行盘点，进而与现金日记账的余额进行核对，来查明账实是否相符的方法。

编制"银行存款余额调节表"法是指在企业银行存款日记账余额和银行对账单余额的基础上，分别加减未达账项，以调整后的余额确认双方是否相符的方法。

2. 实物财产的清查方法

实物财产是指具有实物形态的各种财产，包括：原材料、半成品、在产品、库存商品、低值易耗品、包装物和固定资产等。不同品种的实物财产，由于其实物形态、体积重量和堆放方式等方面的不同，因而它们所采用的清查方法也有所不同。常用的实物财产清查的方法见表8-2。

表8-2

实物财产清查的方法	适用情况
实地盘点法	机器设备、包装物、原材料、产成品、库存商品等
技术推算法	散装的、大量成堆的化肥、饲料等物资
抽样盘存法	数量多、重量均匀的实物财产
函证核对法	委托外单位加工或保管的物资等

实物财产在清查过程中使用的凭证包括"盘存单"和"实存账存对比表"等。为了明确经济责任，进行财产清查时，有关实物财产的保管人员必须在场，并参加盘点工作。对各项财产的盘点结果，应如实准确地登记在"盘存单"上，并由有关参加盘点人员同时签章生效。

3. 往来账项的清查方法

对各种应收、应付款的清查，应采取"询证核对法"，即同对方核对账目的方法。清查单位应在其各种往来款项记录准确的基础上，编制"往来款项对账单"，寄发或派人送交对方单位进行核对。现以应收账款为例，说明"往来款项对账单"的格式和内容见表 8-3。

表 8-3

往来款项对账单	
××单位： 你单位　年　月　日购入我单位　产品　件，已付货款　　元，尚有　元货款未付，请核对后将回联单寄回。	
	核查单位：（盖章）
	年　月　日
沿此虚线裁开，将以下回联单寄回！	

往来款项对账单（回联）	
××单位： 你单位寄来的"往来款项对账单"已经收到，经核对相符无误。	
	××单位（盖章）
	年　月　日

（二）未达账项

　　银行存款的清查一般采用将企业开设的"银行存款日记账"与开户银行的"对账单"相核对，并在此基础上编制"银行存款余额调节表"，确认二者之间是否相符的方法。核对前，首先把至清查日止所有银行存款的收、付业务登记入账，对发生的错账、漏账应及时查清更正。然后，再与开户银行的"对账单"逐笔核对，若二者余额相符，则说明无错误；若二者余额不相符，则可能存在着未达账项。编制银行存款余额调节表时，应在企业银行存款日记账余额和银行对账单余额的基础上，分别加减未达账项，调整后的双方余额应该相符。

　　所谓未达账项是指在企业和银行之间，由于凭证的传递时间不同，而导致了记账时间不一致，即一方已接到有关结算凭证已经登记入账，而另一方由于尚未接到有关结算凭证尚未入账的款项。未达账项总体来说有两大类型：一是企业已经入账而银行尚未入账的款项；二是银行已经入账而企业尚未入账的款项。见图 8-1。

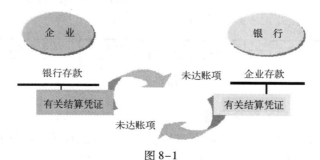

图 8-1

未达账项具体来讲有以下四种情况。

（1）企业已收款入账，银行未收款入账的款项。

（2）企业已付款入账，银行未付款入账的款项。

（3）银行已收款入账，企业未收款入账的款项。

（4）银行已付款入账，企业未付款入账的款项。

（三）财产清查结果的会计处理

1. 财产清查结果的处理原则

财产清查的结果是指经过清查盘点以后确认的有关财产物资的账面结存余额与其实际结存余额二者之间的差额。一般包括两种情况，见表8-4。

表8-4

财产清查结果	具体情况
盘盈	账面结存余额小于实际结存余额的差额
盘亏	账面结存余额大于实际结存余额的差额

财产清查结果处理原则：企业对财产清查的结果，应当按照国家有关财务制度的规定进行认真处理。财产清查中发现的盘盈和盘亏等问题，首先要核准金额，然后按规定的程序报经上级部门批准后，才能进行会计处理。

2. 财产清查结果的处理步骤

企业对财产清查结果的处理应按照以下步骤进行，见图8-2。

（1）核准金额，查明各种差异的性质和原因，提出处理意见。根据清查情况，核准货币资金、财产物资和债权债务的盈亏金额，并分析造成账实不符的原因，明确经济责任，据实提出处理意见。

（2）调整账簿，做到账实相符。为了做到账实相符，保证会计信息真实正确，对财产清查中发现的盘盈或盘亏，应及时调整账簿记录。

（3）查明盘盈、盘亏的原因，决定处理方法，报经有关部门批准。

（4）编制记账凭证，登记入账，核销盘盈、盘亏。

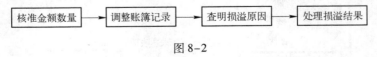

核准金额数量 → 调整账簿记录 → 查明损溢原因 → 处理损溢结果

图8-2

3. 财产清查结果处理的账户设置

为了反映和监督在财产清查过程中查明的各种财产的盈亏或毁损及其报经批准后的转销数额，应设置"待处理财产损溢"账户。该账户属于资产类账户，从其所核算的内容（盘盈与盘亏）看，又具有明显的双重性质。该账户的借方登记各项财产的盘亏或毁损数额和各项盘盈财产报经批准后的转销数；贷方登记各项财产的盘盈数额和各项盘亏或毁损财产报经批准后的转销数。企业清查的各种财产的损溢，应于期末前查明原因，经有关机构批准后，在期末结账前处理完毕。处理前的借方余额，反映尚未处理财产的净损失；处理前的贷方余额，反映尚未处理财产的净盈余。期末，处理后该账户无余额。该账户结构与其他相关账户的关系如图 8-3 所示。

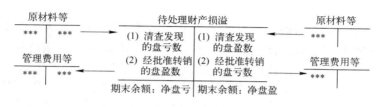

图 8-3

"待处理财产损溢"账户下设"待处理流动资产损溢"和"待处理固定资产损溢"两个明细分类账户，进行明细分类核算。

四、本章习题

（一）单项选择题

1. 对实物资产进行清查盘点时，（　　）人员必须在场。

   A. 实物保管员　　　　B. 记账人员　　　　C. 会计主管　　　　D. 单位领导

2. 一般来说，在企业撤销、合并和改变隶属关系时，应对财产进行（　　）。

   A. 全面清查　　　　B. 局部清查　　　　C. 实地盘点　　　　D. 定期清查

3. 财产清查中发现账外机器一台，其市场价格为 80 000 元，估计还有六成新，则该固定资产的入账价值为（　　）元。

   A. 80 000　　　　B. 48 000　　　　C. 32 000　　　　D. 128 000

4. 盘盈的固定资产经批准后，一般应记入（　　）账户。

   A. 本年利润　　　　B. 以前年度损益调整　　C. 投资收益　　　　D. 其他业务收入

5. 在实际工作中，企业一般以（　　）作为财产物资的盘存制度。

   A. 收付实现制　　　　B. 权责发生制　　　　C. 永续盘存制　　　　D. 实地盘存制

6. 库存现金清查中，对无法查明原因的长款，经批准应计入（　　）。

   A. 其他应收款　　　　B. 其他应付款　　　　C. 营业外收入　　　　D. 管理费用

7. 以下情况中，宜采用局部清查的有（　　）。

   A. 年终决算前进行的清查　　　　　　　　B. 企业清产核资时进行的清查

C. 企业更换财产保管人员时　　　　　　　　D. 企业改组为股份制试点企业进行清查

8. 银行存款日记账的余额为 56 000 元，调整前银行已收、企业未收的款项为 2 000 元，企业已收、银行未收款项为 1 200 元，银行已付、企业未付款项为 3 000 元，则调整后存款余额为（　　）元。

A. 56 200　　　　　　B. 55 000　　　　　　C. 58 000　　　　　　D. 51 200

9. 现金出纳人员发生变动时，应对其保管的库存现金进行清查，这种财产清查属于（　　）。

A. 全面清查和定期清查　　　　　　B. 局部清查和不定期清查

C. 全面清查和不定期清查　　　　　　D. 局部清查和定期清查

10. 单位主要领导调离工作前进行的财产清查，应属于（　　）。

A. 重点清查　　　　B. 全面清查　　　　C. 局部清查　　　　D. 定期清查

11. 下列项目会使银行存款日记账与银行对账单两者余额不一致的有（　　）。

A. 未达账项　　　　　　　　　　B. 银行对账单记账有误

C. 单位银行存款日记账记账有误　　　　D. 以上三项都有可能

12. 财产物资的经管人员发生变动时，应对其经管的那部分财产进行清查，这种清查属于（　　）。

A. 局部清查和定期清查　　　　　　B. 局部清查和不定期清查

C. 全面清查和定期清查　　　　　　D. 全面清查和不定期清查

13. 下列（　　）情况下，应进行局部清查。

A. 年终决算前　　　B. 单位撤销、合并　　　C. 单位改制　　　D. 更换实物保管员

14. 对现金进行清查应采用的方法是（　　）。

A. 实地盘点法　　　B. 抽查检验法　　　C. 查询核对法　　　D. 技术推算法

15. 下列凭证中，不可以作为记账原始依据的是（　　）。

A. 发货票　　　　　　　　　　　B. 银行存款余额调节表

C. 收料票　　　　　　　　　　　D. 差旅费报销单

16. "待处理财产损溢"账户属于（　　）账户。

A. 损益类　　　　B. 资产类　　　　C. 成本类　　　　D. 所有者权益类

17. 某企业期末银行存款日记账余额为 80 000 元，银行送来的对账单余额为 82 425 元，经对未达账项调节后的余额为 83 925 元，则该企业在银行的实有存款是（　　）元。

A. 82 425　　　　　　B. 80 000　　　　　　C. 83 925　　　　　　D. 24 250

18. 下列财产物资中，可以采用技术推算法进行清查的是（　　）。

A. 现金　　　　B. 固定资产　　　　C. 煤炭等大宗物资　　　D. 应收账款

（二）多项选择题

1. 下列（　　）情况下，企业应对其财产进行全面清查。

A. 年终决算前　　　　　　　　　　B. 企业进行股份制改制前

C. 更换仓库保管员　　　　　　　　D. 企业破产

2. 现金出纳每天工作结束前都要将库存现金日记账结清并与库存现金实存数核对，这属于（　　）。

A. 定期清查　　　　　　　　　　　B. 不定期清查

C. 全面清查　　　　　　　　　　　D. 局部清查

3. 下列（　　）的清查宜采用发函询证的方法。

A. 应收账款　　　　　　　　　　　B. 应付账款

C. 存货　　　　　　　　　　　　　D. 预付账款

4. 由于仓库保管员变动对其保管的全部存货进行盘点属于（　　）。

A. 定期清查　　　　　　　　　　　B. 不定期清查

C. 全面清查　　　　　　　　　　　D. 局部清查

5. 与"待处理财产损溢"账户借方发生对应关系的账户可能有（　　）。

A. 原材料　　　　　　　　　　　　B. 固定资产

C. 应收账款　　　　　　　　　　　D. 营业外收入

6. 使企业银行存款日记账的余额大于银行对账单余额的未达账项有（　　）。

A. 企业已收款记账而银行尚未收款记账

B. 企业已付款记账而银行尚未付款记账

C. 银行已收款记账而企业尚未收款记账

D. 银行已付款记账而企业尚未付款记账

7. 关于银行存款余额调节表，下列说法正确的是（　　）。

A. 调节后的余额表示企业可以实际动用的银行存款余额

B. 该表是通知银行更正错误的依据

C. 不能够作为调整本单位银行存款日记账记录的原始凭证

D. 是更正本单位银行存款日记账记录的依据

8. 企业编制银行存款余额调节表，在调整银行存款日记账余额时，应考虑的情况有（　　）。

A. 企业已收银行未收　　　　　　　B. 银行已收企业未收

C. 银行已付企业未付　　　　　　　D. 企业已付银行未付

9. 财产清查的作用包括（　　）。

A. 保护各项财产的安全完整

B. 保证账簿记录的正确性

C. 挖掘财产物资的潜力，加速资金周转

D. 保证会计资料的真实可靠

10. "待处理财产损溢"账户贷方登记的是（　　）。

    A. 等待批准处理的财产盘亏、毁损

    B. 经批准转销的财产盘亏、毁损

    C. 等待批准处理的财产盘盈

    D. 经批准转销的财产盘盈

11. 常用的实物资产的清查方法包括（　　　）。

    A. 技术推算法   B. 实地盘点法

    C. 函证核对法   D. 账目核对法

12. 财产清查按清查时间可分为（　　　）。

    A. 定期清查   B. 全面清查

    C. 不定期清查   D. 局部清查

13. 财产清查中查明的各种流动资产盘亏或毁损数，根据不同的原因，报经批准后可能列入的账户有（　　　）。

    A. 管理费用   B. 营业外收入

    C. 营业外支出   D. 其他应收款

14. 对银行存款进行清查的方法是将企业银行存款日记账与银行对账单相核对，如果两者不符，其可能的原因有（　　　）。

    A. 企业账务记录有误   B. 银行账务记录有误

    C. 企业已记账，银行未记账   D. 银行已记账，企业未记账

15. 下列可作为原始凭证，据以调整账簿记录的有（　　　）。

    A. 现金盘点报告表   B. 银行存款余额调节表

    C. 盘存单   D. 实存账存对比表

16. 下列各项中，应采用实地盘点法进行清查的有（　　　）。

    A. 固定资产   B. 库存商品

    C. 银行存款   D. 现金

（三）判断题

1. 无论采用永续盘存制还是实地盘存制，都需要对财产物资进行清查。　　　　　（　　　）

2. 银行已经付款记账而企业尚未付款记账，会使开户单位银行存款账面余额大于银行对账单的存款余额。　　　　　（　　　）

3. 永续盘存制与实地盘存制都是确定各项实物资产账面结存数量的方法。　（　　　）

4. 对于价值低、品种杂、进出频繁的商品或材料物资应采用实地盘存制。　（　　　）

5. 经批准转销固定资产盘亏净损失时，账务处理应借记"营业外支出"账户，贷记"固定资产清理"账户。　　　　　（　　　）

6. 企业采用永续盘存制对存货进行核算时，在期末必须对存货进行实地盘点，否则无法确定本期发出存货成本。　　　　　（　　　）

7. 存货清查过程中发现的超定额损耗应记入"营业外支出"账户。 （　　）

8. 定期财产清查一般在结账以后进行。 （　　）

9. 财产清查中，对于银行存款、各种往来款项至少每月与银行或有关单位核对一次。

（　　）

10. 全面清查是对企业所有财产物资进行全面的盘点和核对。包括各种在途材料，委托外单位加工、保管的材料。 （　　）

11. 对于财产清查结果的账务处理一般分两步进行，即审批前先调整有关账面记录，审批后转入有关账户。 （　　）

12. 清查盘点现金时，出纳员必须回避。 （　　）

13. 对实物财产清查时，既要清查数量，又要检验质量。 （　　）

14. 现金清查结束后，应填写"现金盘点报告表"，并由盘点人和出纳人员签名或盖章。

（　　）

15. 现金和银行存款的清查均应采用实地盘点的方法进行。 （　　）

（四）业务计算题

1. 某企业 2015 年 3 月 31 日的银行存款日记账账面余额为 385 200 元，银行对账单的存款余额为 357 500 元，经逐笔核对，发现有以下未达账项及相关错误。

（1）3 月 26 日企业开出转账支票 29 000 元支付前欠货款，持票人尚未到银行办理转账。

（2）3 月 27 日企业采用托收承付方式销货，银行已收到货款 18 000 元，企业未接到入账通知单。

（3）3 月 28 日企业送存转账支票一张，金额 12 900 元，企业已登记入账，银行尚未入账。

（4）3 月 29 日银行代企业支付水电费 5 800 元，企业尚未收到银行的付款通知。

（5）3 月 30 日企业收到甲公司转账支票一张，金额 56 000 元，偿付其前欠货款，银行尚未入账，但企业编制记账凭证误记成如下会计分录，并登记入账。

借：银行存款 65 000
　贷：应收账款 65 000

要求：（1）对于上述 3 月 30 日的错账请指出应采用何种更正方法。

（2）编制银行存款余额调节表。

2. 云星公司 2015 年 6 月 20 日至本月末所记的经济业务如下。

（1）20 日，开出转账支票支付购入甲材料的货款 2 000 元。

（2）21 日，收到销货款 5 000 元，存入银行。

（3）25 日，开出转账支票支付购买甲材料运费 500 元。

（4）27 日，开出转账支票购买办公用品 1 200 元。

（5）28 日，收到销货款 6 800 元，存入银行。

（6）29 日，开出转账支票预付下半年报刊费 600 元。

（7）30 日，银行存款日记账余额 30 636 元。

云星公司开户银行转来的对账单所列 2015 年 6 月 20 日至月末的经济业务如下。

（1）20 日，代收外地企业汇来的货款 2 800 元。

（2）22 日，收到公司开出的转账支票，金额为 2 000 元。

（3）23 日，收到销货款 5 000 元。

（4）25 日，银行为企业代付水电费 540 元。

（5）28 日，收到公司开出的转账支票，金额为 500 元。

（6）30 日，结算银行存款利息 282 元。

（7）30 日，银行结账单余额为 28 178 元。

要求：根据上述资料，进行银行存款的核对，找出未达账项，并编制"银行存款余额调节表"。

五、案例分析

案例 1：现金的保管与清查问题

广州某公司出纳员王玲在接管出纳工作的初期，对库存现金管理的规定了解不多。在工作过程中出现过以下情况：一是发现库存现金短缺 40 元；二是同单位职工向她借了公款 1 000 元。对前者因未查明原因，王玲便自己掏腰包将短缺库存现金补上；对后者因考虑到是本单位职工，为了处好关系，对方又打了欠条，约定三天还款，所以王玲在未经领导批准的情况下把钱借了出去。

问题：请对王玲的上述做法进行评价。

案例 2：小企业，大问题

某小型制造企业经营规模较小，库存存货管理存在很多问题。生产厂长既管生产又管存货，材料出入仓库时不登记，月末核算生产成本时，根据盘点结果估算材料消耗。

问题：请对该企业的存货管理进行分析，并指出其可能产生的不良影响。

六、参考答案

（一）单项选择题

1. A　2. A　3. B　4. B　5. C　6. C　7. C　8. B　9. B　10. B　11. D　12. B　13. D　14. A　15. B　16. B　17. C　18. C

（二）多项选择题

1. ABD 2. AD 3. ABD 4. BD 5. ABD 6. AD 7. AC 8. BC 9. ACD 10. BC
11. AB 12. AC 13. ACD 14. ABCD 15. AD 16. ABD

（三）判断题

1. √ 2. √ 3. √ 4. √ 5. × 6. × 7. × 8. × 9. × 10. √ 11. √
12. × 13. √ 14. √ 15. ×

（四）业务计算题

1.

（1）解析：该业务属于企业已经付款而银行尚未付款。

（2）解析：该业务属于银行已经收款而企业尚未收款。

（3）解析：该业务属于企业已经收款而银行尚未收款。

（4）解析：该业务属于银行已经付款而企业尚未付款。

（5）解析：该业务属于企业已经收款而银行尚未收款 56 000 元。

要求：（1）应采用红字冲销法加以更正。

解析：会计分录错误且已经登记入账，应进行调整。

借：银行存款　　　　　　　　　　　　　　　　65 000

　　贷：应收账款　　　　　　　　　　　　　　　　65 000

（2）编制银行存款余额调节表，见表8-5。

表 8-5

银行存款余额调节表
2015 年 3 月 31 日

项　　目	金　　额	项　　目	金　　额
银行存款日记账余额	385 200	银行对账单余额	357 500
加：银行已收企业未收的款项	18 000	加：企业已收银行未收的款项	68 900
减：银行已付企业未付的款项	5 800	减：企业已付银行未付的款项	29 000
调节后存款余额	397 400	调节后存款余额	397 400

注：企业已经收款银行尚未收款合计 = 56 000 + 12 900 = 68 900。

2. 解析：经比较云星公司的银行存款日记账和银行对账单，银行存款日记账的第4、5、6 笔业务为未达账项，银行对账单的第1、4、6 笔经济业务为未达账项，编制"银行存款余额调节表"，见表8-6。

表 8-6

银行存款余额调节表
2015 年 6 月 30 日

项　目	金　额	项　目	金　额
银行存款日记账余额	30 636	银行对账单余额	28 178
加：银行已收企业未收的款项 　　（1）银行代收货款 　　（2）银行存款利息	2 800 282	加：企业已收银行未收的款项	6 800
减：银行已付企业未付的款项 　　银行代付水电费	540	减：企业已付银行未付的款项 　　（1）企业开出支票购买办公用品 　　（2）企业开出支票预付报刊费	1 200 600
调节后存款余额	33 178	调节后存款余额	33 178

七、案例分析提示

案例 1

根据现金管理的规定，对于现金长款或短款情况，必须查明原因，并按规定进行处理，王玲的做法会掩盖可能存在的其他问题。所有现金收付业务，必须取得合法的原始凭证，王玲将未经批准的借条作为借款依据，不符合规定，属于白条抵库。

案例 2

企业应建立存货总账和存货明细账，存货出入库时应有入库或出库单，通常还应采用永续盘存制登记库存明细账。该企业根据盘点结果估算材料消耗成本，可能会将丢失、自然损耗等造成的存货减少也记入生产成本，造成成本核算不真实，从而影响企业利润的正确核算。

第九章　会计报表

一、本章学习目标

通过本章的学习，要求理解会计报表的作用、种类和方法，着重掌握资产负债表、利润表的结构原理和基本编制方法，同时初步掌握编制和阅读会计报表的基础知识，了解现金流量表和所有者权益变动表。

二、本章知识结构

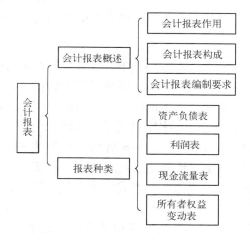

三、本章重点、难点分析

★ 资产负债表的结构和编制；
★ 利润表的结构和编制。

（一）资产负债表的结构和编制

资产负债表（the balance sheet）亦称财务状况表，表示企业在一定日期（通常为各会计期末）的财务状况（即资产、负债和业主权益的状况）的主要会计报表。资产负债表利用会计平衡原则，将合乎会计原则的资产、负债、股东权益、交易科目分为"资产"和

"负债及股东权益"两大区块，在经过分录、转账、分类账、试算、调整等会计程序后，以特定日期的静态企业情况为基准，浓缩成一张报表。其报表功用除了企业内部除错、经营方向、防止弊端外，也可让所有阅读者于最短时间了解企业经营状况。

1. 基本结构

资产一般是按各种资产变化先后顺序逐一列在表的左方，反映单位所有的各项财产、物资、债权和权利；所有的负债和业主权益则逐一列在表的右方。负债一般列于右上方分别反映各种长期和短期负债的项目，业主权益列在右下方，反映业主的资本和盈余。左右两方的数额相等。

2. 作用

资产负债表必须定期对外公布和报送外部与企业有经济利害关系的各个集团（包括股票持有者，长、短期债权人、政府有关机构）。当资产负债表列有上期期末数时，称为"比较资产负债表"，它通过前后期资产负债的比较，可以反映企业财务变动状况。根据股权有密切联系的几个独立企业的资产负债表汇总编制的资产负债表，称为"合并资产负债表"。它可以综合反映本企业以及与其股权上有联系的企业的全部财务状况。

3. 资产负债表格式

资产负债表一般有表首、正表两部分。其中，表首概括地说明报表名称、编制单位、编制日期、报表编号、货币名称、计量单位等。正表是资产负债表的主体，列示了用以说明企业财务状况的各个项目。资产负债表正表的格式一般有两种：报告式资产负债表和账户式资产负债表。报告式资产负债表是上下结构，上半部列示资产，下半部列示负债和所有者权益。具体排列形式又有两种：一是按"资产＝负债＋所有者权益"的原理排列；二是按"资产－负债＝所有者权益"的原理排列。账户式资产负债表是左右结构，左边列示资产，右边列示负债和所有者权益。不管采取什么格式，资产各项目的合计等于负债和所有者权益各项目的合计这一等式不变。

在我国，资产负债表采用账户式。每个项目又分为"期末余额"和"年初余额"两栏分别填列。采用企业会计准则的非金融企业的资产负债表格式如表9-1所示。

表9-1

会企01表

编制单位：××有限公司　　　　2015年12月31日　　　　单位：元

资　产	期末余额	年初余额	负债和所有者权益（或股东益）	期末余额	年初余额
流动资产			流动负债		
货币资金			短期借款		
交易性金融资产			交易性金融负债		
资产总计			负债和所有者权益（或股东权益）总计		

4. 作用

资产负债表是反映企业在某一特定日期财务状况的报表。例如，公历每年 12 月 31 日的财务状况，由于它反映的是某一时点的情况，所以又称为静态报表。资产负债表主要提供有关企业财务状况方面的信息。通过资产负债表，可以提供某一日期资产的总额及其结构，表明企业拥有或控制的资源及其分布情况，即有多少资源是流动资产、有多少资源是长期投资、有多少资源是固定资产等；可以提供某一日期的负债总额及其结构，表明企业未来需要用多少资产或劳务清偿债务及清偿时间，即流动负债有多少、长期负债有多少、长期负债中有多少需要用当期流动资金进行偿还等；可以反映所有者所拥有的权益，据以判断资本保值、增值的情况及对负债的保障程度。资产负债表还可以提供进行财务分析的基本资料，如将流动资产与流动负债进行比较，计算出流动比率；将速动资产与流动负债进行比较，计算出速动比率等，可以表明企业的变现能力、偿债能力和资金周转能力，从而有助于会计报表使用者作出经济决策。

5. 资产负债表的编制方法

会计报表的编制，主要是通过对日常会计核算记录的数据加以归集、整理，使之成为有用的财务信息。我国企业资产负债表各项目数据的来源，主要通过以下几种方式取得。

（1）根据总账科目余额直接填列。如"应收票据"项目，根据"应收票据"总账科目的期末余额直接填列；"短期借款"项目，根据"短期借款"总账科目的期末余额直接填列。

（2）根据总账科目余额计算填列。如"货币资金"项目，根据"库存现金""银行存款""其他货币资金"科目的期末余额合计数计算填列。

（3）根据明细科目余额计算填列。如"应付账款"项目，根据"应付账款""预付账款"科目所属相关明细科目的期末贷方余额计算填列。

（4）根据总账科目和明细科目余额分析计算填列。如"长期借款"项目，根据"长期借款"总账科目期末余额，扣除"长期借款"科目所属明细科目中反映的、将于一年内到期的长期借款部分，分析计算填列。

（5）根据科目余额减去其备抵项目后的净额填列。如"存货"项目，根据"存货"科目的期末余额，减去"存货跌价准备"备抵科目余额后的净额填列；又如，"无形资产"项目，根据"无形资产"科目的期末余额，减去"无形资产减值准备"与"累计摊销"备抵科目余额后的净额填列。

在我国，资产负债表的"年初数"栏内各项数字，根据上年末资产负债表"期末数"栏内各项数字填列，"期末数"栏内各项数字根据会计期末各总账账户及所属明细账户的余额填列。如果当年度资产负债表规定的各个项目的名称和内容同上年度不相一致，则按编报当年的口径对上年年末资产负债表各项目的名称和数字进行调整，填入本表"年初数"栏内。

6. 阅读要点

浏览一下资产负债表主要内容，由此，你就会对企业的资产、负债及股东权益的总额及其内部各项目的构成和增减变化有一个初步的认识。由于企业总资产在一定程度上反映了企业的经营规模，而它的增减变化与企业负债与股东权益的变化有极大的关系，当企业股东权益的增长幅度高于资产总额的增长时，说明企业的资金实力有了相对的提高；反之则说明企业规模扩大的主要原因是来自于负债的大规模上升，进而说明企业的资金实力在相对降低、偿还债务的安全性亦在下降。

对资产负债表的一些重要项目，尤其是期初与期末数据变化很大，或出现大额红字的项目进行进一步分析，如流动资产、流动负债、固定资产、有代价或有利息的负债（如短期银行借款、长期银行借款、应付票据等）、应收账款、货币资金及股东权益中的具体项目等。例如，企业应收账款过多占总资产的比重过高，说明该企业资金被占用的情况较为严重，而其增长速度过快，说明该企业可能因产品的市场竞争能力较弱或受经济环境的影响，企业结算工作的质量有所降低。此外，还应对报表附注说明中的应收账款账龄进行分析，应收账款的账龄越长，其收回的可能性就越小。又如，企业年初及年末的负债较多，说明企业每股的利息负担较重，但如果企业在这种情况下仍然有较好的盈利水平，说明企业产品的获利能力较佳、经营能力较强，管理者经营的风险意识较强，魄力较大。再如，在企业股东权益中，如法定的资本公积金大大超过企业的股本总额，这预示着企业将有良好的股利分配政策。但在此同时，如果企业没有充足的货币资金作保证，预计该企业将会选择送配股增资的分配方案而非采用发放现金股利的分配方案。另外，在对一些项目进行分析评价时，还要结合行业的特点进行。就房地产企业而言，如该企业拥有较多的存货，意味着企业有可能存在着较多的、正在开发的商品房基地和项目，一旦这些项目完工，将会给企业带来很高的经济效益。

对一些基本财务指标进行计算，计算财务指标的数据来源主要有以下几个方面：直接从资产负债表中取得，如净资产比率；直接从利润及利润分配表中取得，如销售利润率；同时来源于资产负债表利润及利润分配表，如应收账款周转率；部分来源于企业的账簿记录，如利息支付能力。

（二）利润表的结构和编制

利润表是反映企业在一定会计期间经营成果的报表。例如，反映 1 月 1 日至 12 月 31 日经营成果的利润表，由于它反映的是某一期间的情况，所以又称为动态报表。有时，利润表也称为损益表、收益表。

通过利润表，可以反映企业一定会计期间的收入实现情况，即实现的主营业务收入有多少、实现的其他业务收入有多少、实现的投资收益有多少、实现的营业外收入有多少等；可以反映一定会计期间的费用耗费情况，即耗费的主营业务成本有多少、主营业务税金有多少、销售费用、管理费用、财务费用各有多少、营业外支出有多少等；可以反映企业生产经营活动的成果，即净利润的实现情况，据以判断资本保值、增值情况。将利润表中的信息与资产负债表中的信息相结合，还可以提供进行财务分析的基本资料，如将赊销收入净额与应收账款平均余额进行比较，计算出应收账款周转率；将销货成本与存货平均余额进行比较，计算出存货周转率；将净利润与资产总额进行比较，计算出资产收益率等，可以表现企业资金周转情况及企业的盈利能力和水平，便于会计报表使用者判断企业未来的发展趋势，作出经济决策。

利润表编制原理

利润表编制的原理是"收入－费用＝利润"的会计平衡公式和收入与费用的配比原则。在生产经营中企业不断地发生各种费用支出，同时取得各种收入，收入减去费用，剩余的部分就是企业的盈利。取得的收入和发生的相关费用的对比情况就是企业的经营成果。如果企业经营不当，发生的生产经营费用超过取得的收入，企业就发生了亏损；反之，企业就能取得一定的利润。会计部门应定期（一般按月份）核算企业的经营成果，并将核算结果编制成报表，这就形成了利润表。

按照我国企业利润表的格式内容，其编制方法如下。

（1）报表中的"本月数"栏反映各项目的本月实际发生数，在编报中期财务会计报告时，填列上年同期累计实际发生数；在编报年度财务会计报告时，填列上年全年累计实际发生数，并将"本月数"栏改成"上年数"栏。如果上年度利润表的项目名称和内容与本年度利润表不相一致，应对上年度报表项目的名称和数字按本年度的规定进行调整，填入报表的"上年数"栏。在编报中期和年度财务会计报告时，应将"本月数"栏改成"上年数"栏。报表中的"本年累计数"栏各项目，反映自年初起至本月末止的累计实际发生数。

（2）报表各项目主要根据各损益类科目的发生额分析填列。

从利润表的阅读中可以获得有关企业经营成果的信息。具体地说，利润表把一定期间的营业收入与其同一会计期间相关的营业费用进行配比，以计算出企业一定时期的净利润（或净亏损）。通过利润表的收入、费用等情况，能够反映企业生产经营的收益和成本耗费情况，表明企业生产经营成果；同时，通过利润表提供的不同时期的比较数字（本月数、本年累计数、上年数），可以分析企业今后利润的发展趋势及获利能力，了解投资者投入资本的完整性。

简而言之，从利润表中可以了解本单位的盈利情况，分为以下几个方面：

① 主营业务利润是多少？

② 营业利润是多少？

③ 期间费用对营业利润影响有多大？

④ 利润总额有多大？

⑤ 交纳所得税有多少？

⑥ 净利润有多少？

⑦ 有哪些主要因素影响净利润？

四、本章习题

（一）单项选择题

1. 某公司 2015 年 12 月 31 日编制的利润表中 "本月数" 一栏反映了（　　）。

    A. 2015 年 12 月 31 日利润或亏损的形成情况

    B. 2015 年 1 月至 12 月累计利润或亏损的形成情况

    C. 2015 年 12 月份利润或亏损的形成情况

    D. 2015 年第四季度利润或亏损的形成情况

2. 会计报表编制的依据是（　　）。

    A. 原始凭证　　　　B. 记账凭证　　　　C. 目汇总表　　　　D. 账簿记录

3. 资产负债表中，"应收账款" 项目应根据（　　）填列。

    A. "应收账款" 总分类账户的期末余额

    B. "应收账款" 总分类账户所属各明细分类账户期末借方余额合计数

    C. "应收账款" 总分类账户所属各明细分类账户期末贷方余额合计数

    D. "应收账款" 和 "预收账款" 总分类账户所属各明细分类账户期末借方余额合计数减去 "坏账准备" 账户中有关应收账款计提的坏账准备期末余额后的金额

4. 在资产负债表中，资产按其流动性排列时，下列排列方法正确的是（　　）。

    A. 存货、无形资产、货币资金、交易性金融资产

    B. 交易性金融资产、存货、无形资产、货币资金

    C. 无形资产、货币资金、交易性金融资产、存货

    D. 货币资金、交易性金融资产、存货、无形资产

5. 某企业期末 "工程物资" 科目的余额为 100 万元，"发出商品" 科目的余额为 80 万元，"原材料" 科目的余额为 100 万元，"材料成本差异" 科目的贷方余额为 10 万元。假定不考虑其他因素，该企业资产负债表中 "存货" 项目的金额为（　　）万元。

    A. 170　　　　　　B. 180　　　　　　C. 270　　　　　　D. 280

6. 下列会计报表中，反映企业在某一特定日期财务状况的是（　　）。

    A. 现金流量表　　B. 利润表　　　　C. 资产负债表　　D. 利润分配表

7. 某企业 2015 年 12 月 31 日无形资产账户余额为 500 万元，累计摊销账户余额为 200 万元，无形资产资产减值准备账户余额为 100 万元。该企业 2007 年 12 月 31 日资产负债表中无形资产项目的金额为（　　）万元。

    A. 500　　　　　　B. 300　　　　　　C. 400　　　　　　D. 200

8. 下列会计报表中，属于静态报表的是（　　）。

    A. 利润表　　　　B. 利润分配表　　C. 现金流量表　　D. 资产负债表

9. 下列直接根据总分类账户余额填列资产负债表项目的是（ ）。
   A. 固定资产清理　　B. 应收账款　　C. 未分配利润　　D. 存货

10. 某企业"应付账款"明细账期末余额情况如下：X 企业贷方余额为 200 000 元，Y 企业借方余额为 180 000 元，Z 企业贷方余额为 300 000 元。假如该企业预付账款明细账均为借方余额，则根据以上数据计算的反映在资产负债表上"应付账款"项目的数额为（ ）元。
    A. 680 000　　B. 320 000　　C. 500 000　　D. 80 000

11. 下列各项中，不会影响营业利润金额增减的是（ ）。
    A. 资产减值损失　　B. 财务费用　　C. 投资收益　　D. 营业外收入

12. 某企业 2015 年发生的营业收入为 1 000 万元，营业成本为 600 万元，销售费用为 20 万元，管理费用为 50 万元，财务费用为 10 万元，投资收益为 40 万元，资产减值损失为 70 万元（损失），公允价值变动损益为 80 万元（收益），营业外收入为 25 万元，营业外支出为 15 万元。该企业 2015 年的营业利润为（ ）万元。
    A. 370　　B. 330　　C. 320　　D. 390

13. 企业本月净利润表中的营业收入为 450 000 元，营业成本为 216 000 元，营业税金及附加为 9 000 元，管理费用为 10 000 元，财务费用为 5 000 元，销售费用为 8 000 元，则其营业利润为（ ）元。
    A. 217 000　　B. 225 000　　C. 234 000　　D. 202 000

14. 下列有关附注的说法，不正确的是（ ）。
    A. 附注不属于财务会计报表的组成部分
    B. 附注是对在会计报表中列示项目的描述或明细资料
    C. 附注是对未能在会计报表中列示项目的说明
    D. 附注是财务会计报告的组成部分

15. 会计报表中各项目数字的直接来源是（ ）。
    A. 原始凭证　　B. 日记账　　C. 记账凭证　　D. 账簿记录

16. 按照我国现行会计制度规定，企业每个（ ）都要编制资产负债表。
    A. 月末　　B. 季末　　C. 半年度　　D. 年末

17. "应收账款"科目明细账中若有贷方余额，应将其计入资产负债表中的（ ）项目。
    A. 应收账款　　B. 预收款项　　C. 应付账款　　D. 其他应付款

18. 下列各项中，不会影响利润总额增减变化的是（ ）。
    A. 销售费用　　B. 管理费用　　C. 所得税费用　　D. 营业外支出

19. 下列资产负债表项目，需要根据相关总账所属明细账户的期末余额分析填列的是（ ）。
    A. 应收账款　　B. 应收票据　　C. 应付票据　　D. 应付职工薪酬

20. 下列项目中，不应在资产负债表"存货"项目下反映的是（　　　）。

　　A. 生产成本　　　　B. 发出商品　　　　C. 工程物资　　　　D. 库存商品

（二）多项选择题

1. 企业年度、半年度财务会计报告应当包括（　　　）。

　　A. 资产负债表、利润表、现金流量表及相关附表

　　B. 会计账簿　　　　C. 会计报表附注　　　　D. 财务情况说明书

2. 编制资产负债表时，下列项目中需根据有关总账账户期末余额分析、计算填列的有（　　　）。

　　A. 货币资金　　　　B. 预付账款　　　　C. 存货　　　　D. 应收票据

3. 资产负债表的数据来源，可以通过下列（　　　）方式取得。

　　A. 根据总账科目余额直接填列　　　　B. 根据总账科目余额计算填列

　　C. 根据记账凭证直接填列　　　　D. 根据明细科目余额计算填列

4. 下列各项中，属于中期财务会计报告的有（　　　）。

　　A. 月度财务会计报告　　　　B. 季度财务会计报告

　　C. 半年度财务会计报告　　　　D. 年度财务会计报告

5. 下列各项中，属于财务会计报告编制要求的有（　　　）。

　　A. 真实可靠　　　　B. 相关可比　　　　C. 全面完整　　　　D. 编报及时

6. 企业资产负债表所提供的信息主要包括（　　　）。

　　A. 企业拥有或控制的资源及其分布情况

　　B. 企业所承担的债务及其不同的偿还期限

　　C. 企业利润的形成情况及影响利润增减变动的因素

　　D. 企业所有者在企业资产中享有的经济利益份额及其结构

7. 利润表中的"营业成本"项目填列所依据的是（　　　）。

　　A. "营业外支出"发生额　　　　B. "主营业务成本"发生额

　　C. "其他业务成本"发生额　　　　D. "营业税金及附加"发生额

8. 下列各项中，属于资产负债表中流动资产项目的有（　　　）。

　　A. 货币资金　　　　B. 预收账款　　　　C. 应收账款　　　　D. 存货

9. 在编制资产负债表时，应根据总账科目的期末借方余额直接填列的项目有（　　　）。

　　A. 固定资产清理　　　B. 交易性金融资产　　C. 短期借款　　　D. 应付利息

10. 下列资产负债表项目中，不能直接根据总分类账户的余额直接填列的项目有（　　　）。

　　A. 应付票据　　　　B. 货币资金　　　　C. 存货　　　　D. 应收账款

11. 下列项目中，列示在资产负债表右方的有（　　　）。

　　A. 非流动资产　　　B. 非流动负债　　　C. 流动负债　　　D. 所有者权益

12. 按现行制度规定，企业会计报表主要包括（　　　）和附注。

    A. 资产负债表   B. 利润表   C. 现金流量表   D. 所有者权益变动表

13. 利润表中的"营业收入"项目填列所依据的是（   ）。

    A."主营业务收入"发生额   B."本年利润"发生额

    C."其他业务收入"发生额   D."投资收益"发生额

14. 单位编制财务会计报告的主要目的，就是为（   ）及社会公众等财务会计报告的使用者进行决策提供会计信息。

    A. 投资者   B. 债权人   C. 政府及相关机构 D. 单位管理人员

15. 下列资产负债表项目，可直接根据有关明细账科目余额填列的是（   ）。

    A. 应付账款   B. 交易性金融资产 C. 存货   D. 预收款项

16. 资产负债表中的"存货"项目包括（   ）。

    A. 生产成本   B. 委托代销商品 C. 发出商品   D. 制造费用

17. 下列各项，可以通过利润表反映的有（   ）。

    A. 某一时点的财务状况   B. 某一时点的偿债能力

    C. 某一期间的经营成果   D. 某一期间的获利能力

18. 下列各项中，影响营业利润的项目有（   ）。

    A. 已销商品成本   B. 原材料销售收入

    C. 出售固定资产净收益   D. 随商品出售不单独计价的包装物

19. 下列各项，应在资产负债表"预付账款"项目中反映的有（   ）。

    A."应付账款"明细科目的借方余额   B."应付账款"明细科目的贷方余额

    C."预付账款"明细科目的借方余额   D."应收账款"明细科目的贷方余额

20. 甲股份有限公司 2006 年度正常生产经营过程中发生的下列事项中，影响其 2006 年度利润表中营业利润的是（   ）。

    A. 无法查明原因的现金短缺

    B. 交易性金融资产的公允价值高于其账面余额产生的公允价值变动损益

    C. 出售交易性金融资产时产生的投资收益

    D. 有确凿证据表明存在某金融机构的款项无法收回

（三）判断题

1. 会计报表按其反映的内容，可以分为动态会计报表和静态会计报表，资产负债表是反映在某一时期企业财务状况的会计报表。   （   ）

2. 利润表的格式主要有多步式利润表和单步式利润表两种，我国企业采用的是多步式利润格式。   （   ）

3. 编制会计报表的主要目的就是为会计报表使用者决策提供信息。   （   ）

4. 资产负债表中的"流动资产"各项目是按照资产的流动性由弱到强排列的。   （   ）

5. 中期财务报表是指以一年的中间日为资产负债表日编制的财务报表。   （   ）

6. 在资产负债表中，其他应收款项目应根据其他应收款科目总账余额直接填列。　　（　　）

7. 向不同的会计资料使用者提供财务会计报告，其编制依据应当一致。　　（　　）

8. 实际工作中，为使会计报表及时报送，企业可以提前结账。　　（　　）

9. "长期借款"项目，根据"长期借款"总账科目余额填列。　　（　　）

10. 资产负债表是反映企业在某一时期财务状况的报表。　　（　　）

11. 利润表中"营业税金及附加"项目不包括增值税。　　（　　）

12. "预付账款"科目所属各明细科目期末有贷方余额的，应在资产负债表"应收账款"项目内填列。　　（　　）

13. "应付职工薪酬"项目，反映企业根据有关规定应付给职工的工资、职工福利、社会保险费、住房公积金、工会经费、职工教育经费，但不包括非货币性福利、辞退福利等薪酬。　　（　　）

14. 短期借款项目应根据短期借款总账科目余额直接填列。　　（　　）

15. 工程物资属于资产负债表中的存货。　　（　　）

（四）业务核算题

1. 乙公司 2015 年 12 月 31 日有关资料如下。

（1）长期借款资料见表 9-2。

表 9-2

长期借款资料

借款起始日期	借款期限/年	金额/万元
2015 年 1 月 1 日	3	200
2013 年 1 月 1 日	5	400
2012 年 6 月 1 日	4	300

（2）"长期待摊费用"项目的期末余额为 50 万元，将于一年内摊销的数额为 20 万元。

要求：根据上述资料，计算资产负债表中下列项目的金额：① 长期借款；② 长期待摊费用；③ 一年内到期的非流动负债。

2. 丁公司截至 2015 年 12 月 31 日有关科目发生额见表 9-3。

表 9-3

丁公司有关科目发生额

科 目 名 称	借方发生额/万元	贷方发生额/万元
主营业务收入	100	3 000
主营业务成本	1 600	80
其他业务收入		200
其他业务成本	150	
营业税金及附加	100	

续表

科 目 名 称	借方发生额/万元	贷方发生额/万元
销售费用	50	
管理费用	180	
财务费用	20	
资产减值损失	160	10
公允价值变动损益	40	70
投资收益	60	100
营业外收入		90
营业外支出	40	
所得税费用	300	

要求：根据上述资料，编制丁公司 2015 年度利润表，见表 9-4。

表 9-4

利润表

编制单位：丁公司　　　　　　　　　　2015 年度　　　　　　　　　　单位：万元

项 目	本 期 金 额
一、营业收入	
减：营业成本	
营业税金及附加	
销售费用	
管理费用	
财务费用	
资产减值损失	
加：公允价值变动收益（损失以"－"号填列）	
投资收益（损失以"－"号填列）	
二、营业利润（亏损以"－"号填列）	
加：营业外收入	
减：营业外支出	
三、利润总额（亏损总额以"－"号填列）	
减：所得税费用	
四、净利润（净亏损以"－"号填列）	

（五）综合题

1. 甲公司为增值税一般纳税人，适用的增值税税率为 17%。原材料和库存商品均按实际成本核算，商品售价不含增值税，其销售成本随销售同时结转。2015 年 1 月 1 日资产负债表（简表）资料见表 9-5。

表 9-5

资产负债表（简表）

编制单位：甲公司　　　　　　　　　　2015 年 1 月 1 日　　　　　　　　　金额单位：万元

资　产	年 初 余 额	负债和所有者权益	年 初 余 额
货币资金	1 000	短期借款	1 000
交易性金融资产	800	应付账款	1 500
应收票据	200	应付票据	500
应收账款	2 000	预收款项	500
预付款项	500	应付职工薪酬	100
存货	15 500	应交税费	400
长期股权投资	3 000	应付利息	500
固定资产	20 000	长期借款	2 000
在建工程	2 000	实收资本	30 000
无形资产	1 500	盈余公积	1 000
		未分配利润	9 000
资产总计	46 500	负债和所有者权益总计	46 500

2015 年甲公司发生如下交易或事项。

（1）以赊购方式购入材料一批，发票账单已经收到，增值税专用发票上注明的货款为 200 万元，增值税额为 34 万元。材料已验收入库。

（2）用银行存款购入公允价值为 200 万元的股票，作为交易性金融资产核算。期末交易性金融资产公允价值为 240 万元。

（3）计提短期借款利息 40 万元。

（4）计提坏账准备 100 万元。

（5）计提行政管理部门用固定资产折旧 300 万元；摊销管理用无形资产成本 100 万元。

（6）销售库存商品一批，该批商品售价为 1 000 万元，增值税为 170 万元，实际成本为 500 万元，商品已发出。甲公司已于上年预收货款 200 万元，其余款项尚未结清。

（7）分配职工薪酬，其中企业行政管理人员工资 100 万元，在建工程人员工资 50 万元。

（8）计提应计入在建工程成本的长期借款利息 50 万元。

（9）确认对联营企业的长期股权投资收益 300 万元。

（10）转销无法支付的应付账款 200 万元。

（11）本年度实现利润总额 400 万元，所得税费用和应交所得税均为 100 万元（不考虑其他因素）；提取盈余公积 30 万元。

要求：

① 编制甲上市公司 2015 年度上述交易或事项的会计分录（不需编制各损益类科目结转本年利润及利润分配的有关会计分录）。

② 填列甲上市公司 2015 年 12 月 31 日的资产负债表（不需列出计算过程）。

2. A 股份有限公司（以下简称 A 公司）为增值税一般纳税工业企业，适用的增值税税率为 17%，所得税税率为 25%，提供运输劳务的营业税税率为 3%，转让不动产和无形资产的营业税税率为 5%。城市维护建设税和教育费附加略。于 2015 年 1 月 3 日正式投产营业，主要生产和销售甲产品，兼营提供运输劳务。该企业对原材料采用计划成本核算，原材料账户 1 月 1 日余额为 204 万元，材料成本差异账户 1 月 1 日借方余额为 4 万元。有关资料如下。

2015 年度 A 公司发生下列有关经济业务。

（1）购入材料一批，专用发票注明的材料价款 200 万元，增值税 34 万元，材料已经验收入库，企业开出商业汇票支付。该批材料计划成本 196 万元。

（2）企业用银行存款支付上述购买材料的商业汇票款 234 万元。

（3）销售甲产品一批，该批产品的成本 160 万元，销售货款 400 万元，专用发票注明的增值税额为 68 万元，产品已经发出，提货单已经交给买方，货款及增值税尚未收到。

（4）上述产品销售业务中，买方用银行存款支付了款项 348 万元，余款则开具了一张面值 120 万元，期限为 4 个月的不带息商业承兑汇票。

（5）当年发出材料计划成本 300 万元，其中生产产品领用原材料计划成本 200 万元，生产车间领用材料计划成本 80 万元，企业管理部门耗用材料计划成本 20 万元。计算材料成本差异率并结转发出材料应负担的成本差异。

（6）当年分配并发放职工工资 400 万元，其中生产工人工资 200 万元，车间管理人员工资 80 万元，从事运输劳务的人员工资 20 万元，企业管理人员工资 80 万元，在建工程工人工资 20 万元。

（7）用银行存款购买建筑材料一批，增值税专用发票上注明的价款为 40 万元，增值税 6.8 万元，并支付运杂费 1.2 万元。

（8）本年提供运输劳务收入 80 万元存入银行，假定发生的相关成本、费用（不包括工资）40 万元，均用银行存款支付。

（9）10 月 10 日，转让一专利权的所有权，取得转让价款 40 万元存入银行，该专利权的账面余额 30 万元，已累计摊销 10 万元。

（10）10 月 20 日，转让一项不动产取得转让收入 80 万元，该不动产原值为 120 万元，已提折旧 20 万元，转让时支付清理费用 4 万元。

（11）本年度计提坏账准备金 8 万元。

（12）本年度计提固定资产折旧 189.2 万元，其中计入制造费用的固定资产折旧 140 万元，计入管理费用折旧为 49.2 万元。

（13）本年无形资产摊销 10 万元，用银行存款支付销售费用 40 万元。

（14）用银行存款 160 万元购入不需安装的设备一台，设备已交付使用。

（15）从银行取得一笔长期借款 400 万元存入银行。

（16）计算本年应交所得税（本年应纳税所得额为 40 万元）。

要求：

① 根据上述经济业务编制 A 公司会计分录；

② 根据上述资料编制利润表，见表 9-6。

（金额单位用万元表示）。

表 9-6

利润表

编制单位：甲公司　　　　　　　　　2015 年度　　　　　　　　金额单位：万元

项　　目	本期金额
一、营业收入	
减：营业成本	
营业税金及附加	
销售费用	
管理费用	
财务费用	
资产减值损失	
加：公允价值变动收益（损失以"－"号填列）	
投资收益（损失以"－"号填列）	
二、营业利润（亏损以"－"号填列）	
加：营业外收入	
减：营业外支出	
三、利润总额（亏损总额以"－"号填列）	
减：所得税费用	
四、净利润（净亏损以"－"号填列）	

五、案例分析

案例 1：加深对利润内容的理解

辽宁成大是沪市的一家上市公司，1999 年参股广发证券，投资 2.78 亿元取得广发证券 19 731 万股股权，当年就取得了 6 663 万元的收益。公司投资收益从 1998 年的 0 变成了 1999 年的 7 413 万元。虽然公司 1999 年的营业利润仅比 1998 年高出约 900 万元，但由于投资收益的作用，1999 年的利润总额高出 1998 年 8 000 万元，投资收益在利润总额中占了 42% 的比例。

问题：辽宁成大 1999 年的利润总额说明了什么？

案例2：认识和了解财务报表

5月11日，公司的会计王鹏准备去当地国税局申报本公司4月份的增值税，他填制并携带了如下资料：

(1)《增值税一般纳税人纳税申报表》及其附表；

(2)《增值税发票领用存月报表和分支机构销售明细表》；

(3)《增值税发票使用明细表》；

(4)《增值税进项税金抵扣明细表》及电子数据；

(5)《增值税纳税申报表附报资料表》。

结果当地国税局并未受理王鹏的申报，理由是"纳税人提供申报资料不全"。经检查，王鹏发现自己没有携带本公司的4月份财务会计报表。

5月15日，公司由于流动资金紧张，准备向当地中国银行申请短期贷款，中国银行要求公司提供以下申请资料以备审核：

(1)借款申请书；

(2)企业法人代表证明书或授权委托书、董事会决议及公司章程；

(3)经年审合格的企业（法人）营业执照（复印件）；

(4)近三年审计的财务报表；

(5)贷款卡。

问题：为什么企业纳税申报、向银行贷款都要提供企业的财务报表？财务报表起到什么作用？

六、参考答案

（一）单项选择题

1. C 2. D 3. D 4. D 5. A 6. C 7. D 8. D 9. A 10. C 11. D 12. A 13. D 14. A 15. D 16. A 17. B 18. C 19. A 20. C

（二）多项选择题

1. AC 2. AC 3. ABD 4. ABC 5. ABCD 6. ABD 7. BC 8. ACD 9. AB 10. BCD 11. BCD 12. ABCD 13. AC 14. ABCD 15. AD 16【答案】ABCD【解析】生产成本和制造费用反映在产品的成本。

17. CD 18.【答案】ABD【解析】已销商品成本，计入"主营业务成本"，影响营业利润；原材料销售收入，记入"其他业务收入"，影响营业利润；出售固定资产净收益，记入"营业外收入"不影响营业利润；随商品出售不单独计价的包装物，记入"销售费用"，影响营业利润。

19. AC　20.【答案】ABC【解析】无法查明原因的现金短缺应该计入管理费用，对于存在银行或其他金融机构的款项已经部分不能收回或者全部不能收回的，应当查明原因进行处理，有确凿证据表明无法收回的，应当根据企业管理权限报经批准后，借记"营业外支出"科目，贷记"银行存款"科目。

（三）判断题

1. ×　2. √　3. √　4. ×　5. ×　6. ×　7. √　8. ×　9. ×　10. ×　11. √
12. ×　13. ×　14. √　15. ×

（四）业务计算题

1.

【答案】

（1）"长期借款"项目金额 = (200 + 400 + 300) - 300 = 600 万元。

（2）"长期待摊费用"项目金额 = 50 - 20 = 30 万元。

（3）"一年内到期的非流动负债"项目金额 = 300 + 20 = 320 万元。

2.

【答案】

利润率表见表9-7。

表9-7

利润表

编制单位：丁公司　　　　　　　　　　　　2015 年度　　　　　　　　　　　　金额单位：万元

项　　目	本 期 金 额
一、营业收入	3 100
减：营业成本	1 670
营业税金及附加	100
销售费用	50
管理费用	180
财务费用	20
资产减值损失	150
加：公允价值变动收益（损失以"－"号填列）	30
投资收益（损失以"－"号填列）	40
二、营业利润（亏损以"－"号填列）	1 000
加：营业外收入	90
减：营业外支出	40
三、利润总额（亏损总额以"－"号填列）	1 050
减：所得税费用	300
四、净利润（净亏损以"－"号填列）	750

（五）综合题

1.

【答案】

（1）

① 借：原材料   200

   应交税费——应交增值税（进项税额） 34

  贷：应付账款   234

② 借：交易性金融资产   200

  贷：银行存款   200

  借：交易性金融资产   40

  贷：公允价值变动损益   40

③ 借：财务费用   40

  贷：应付利息   40

④ 借：资产减值损失   100

  贷：坏账准备   100

⑤ 借：管理费用   300

  贷：累计折旧   300

  借：管理费用   100

  贷：累计摊销   100

⑥ 借：预收账款   1 170

  贷：主营业务收入   1 000

   应交税费——应交增值税（销项税额） 170

  借：主营业务成本   500

  贷：库存商品   500

⑦ 借：管理费用   100

  贷：应付职工薪酬   100

  借：在建工程   50

  贷：应付职工薪酬   50

⑧ 借：在建工程   50

  贷：应付利息   50

⑨ 借：长期股权投资   300

  贷：投资收益   300

⑩ 借：应付账款   200

  贷：营业外收入   200

⑪ 借：所得税费用　　　　　　　　　　　　　　　　　　　　　　　　　　　100

　　　贷：应交税费——应交所得税　　　　　　　　　　　　　　　　　　　　100

　　借：利润分配——提取法定盈余公积　　　　　　　　　　　　　　　　　　30

　　　贷：盈余公积　　　　　　　　　　　　　　　　　　　　　　　　　　　30

（2）甲上市公司 2015 年度资产负债表见表 9-8。

表 9-8

资产负债表（简表）

编制单位：甲上市公司　　　　　　　　　2015 年 12 月 31 日　　　　　　　　金额单位：万元

资　　产	年初余额	年末余额	负债和所有者权益	年初余额	年末余额
货币资金	1 000	800	短期借款	1 000	1 000
交易性金融资产	800	1 040	应付账款	1 500	1 534
应收票据	200	200	应付票据	500	500
应收账款	2 000	2 870	预收款项	500	300
预付款项	500	500	应付职工薪酬	100	250
存货	15 500	15 200	应交税费	400	636
长期股权投资	3 000	3 300	应付利息	500	590
固定资产	20 000	19 700	长期借款	2 000	2 000
在建工程	2 000	2 100	实收资本	30 000	30 000
无形资产	1 500	1 400	盈余公积	1 000	1 030
			未分配利润	9 000	9 270
资产总计	46 500	47 110	负债和所有者权益总计	46 500	47 110

2.【答案】

（1）

借：材料采购　　　　　　　　　　　　　　　　　　　　　　　　　　　　200

　　应交税费——应交增值税（进项税额）　　　　　　　　　　　　　　　　34

　　贷：应付票据　　　　　　　　　　　　　　　　　　　　　　　　　　　234

借：原材料　　　　　　　　　　　　　　　　　　　　　　　　　　　　　196

　　材料成本差异　　　　　　　　　　　　　　　　　　　　　　　　　　　4

　　贷：材料采购　　　　　　　　　　　　　　　　　　　　　　　　　　　200

（2）

借：应付票据　　　　　　　　　　　　　　　　　　　　　　　　　　　　234

　　贷：银行存款　　　　　　　　　　　　　　　　　　　　　　　　　　　234

（3）

借：应收账款　　　　　　　　　　　　　　　　　　　　　　　　　　　　468

贷：主营业务收入 400

应交税费——应交增值税（销项税额） 68

借：主营业务成本 160

贷：库存商品 160

（4）

借：银行存款 348

应收票据 120

贷：应收账款 468

（5）

材料成本差异率 =（4 +4）÷（204 +196）=2%

发出材料应负担的材料成本差异 =300×2% =6 万元

借：生产成本 200

制造费用 80

管理费用 20

贷：原材料 300

借：生产成本 4

制造费用 1.6

管理费用 0.4

贷：材料成本差异 6

（6）

借：生产成本 200

制造费用 80

其他业务成本 20

管理费用 80

在建工程 20

贷：应付职工薪酬 400

借：应付职工薪酬 200

贷：银行存款 200

（7）

借：工程物资 48

贷：银行存款 48

（8）

借：银行存款 80

贷：其他业务收入 80

借：其他业务成本 40

　　　　贷：银行存款　　　　　　　　　　　　　　　　　　　　40
　　借：营业税金及附加　　　　　　　　　　　　　　　　　　2.4
　　　　贷：应交税费——应交营业税　　　　　　　　　　　　2.4
（9）
　　借：银行存款　　　　　　　　　　　　　　　　　　　　　40
　　　　累计摊销　　　　　　　　　　　　　　　　　　　　　10
　　　　贷：无形资产　　　　　　　　　　　　　　　　　　　30
　　　　　　应交税费——应交营业税　　　　　　　　　　　　2
　　　　　　营业外收入　　　　　　　　　　　　　　　　　　18
（10）
　　借：固定资产清理　　　　　　　　　　　　　　　　　　100
　　　　累计折旧　　　　　　　　　　　　　　　　　　　　　20
　　　　贷：固定资产　　　　　　　　　　　　　　　　　　120
　　借：银行存款　　　　　　　　　　　　　　　　　　　　　80
　　　　贷：固定资产清理　　　　　　　　　　　　　　　　　80
　　借：固定资产清理　　　　　　　　　　　　　　　　　　　4
　　　　贷：银行存款　　　　　　　　　　　　　　　　　　　4
　　借：固定资产清理　　　　　　　　　　　　　　　　　　　4
　　　　贷：应交税费——应交营业税　　　　　　　　　　　　4
　　借：营业外支出　　　　　　　　　　　　　　　　　　　　28
　　　　贷：固定资产清理　　　　　　　　　　　　　　　　　28
（11）
　　借：资产减值损失　　　　　　　　　　　　　　　　　　　8
　　　　贷：坏账准备　　　　　　　　　　　　　　　　　　　8
（12）
　　借：制造费用　　　　　　　　　　　　　　　　　　　　140
　　　　管理费用　　　　　　　　　　　　　　　　　　　　49.2
　　　　贷：累计折旧　　　　　　　　　　　　　　　　　　189.2
（13）
　　借：管理费用　　　　　　　　　　　　　　　　　　　　　10
　　　　贷：累计摊销　　　　　　　　　　　　　　　　　　　10
　　借：销售费用　　　　　　　　　　　　　　　　　　　　　40
　　　　贷：银行存款　　　　　　　　　　　　　　　　　　　40
（14）
　　借：固定资产　　　　　　　　　　　　　　　　　　　　160

```
        贷：银行存款                                    160
    （15）
        借：银行存款                                    400
          贷：长期借款                                  400
    （16）
    应交所得税 = 40×25% = 10 万元
        借：所得税费用                                   10
          贷：应交税费——应交所得税                      10
    利润表见表 9-9。
```

表 9-9

利润表

编制单位：甲公司　　　　　　　　2015 年　　　　　　　　金额单位：万元

项　　目	本 期 金 额
一、营业收入	480
减：营业成本	220
营业税金及附加	2.4
销售费用	40
管理费用	159.6
财务费用	
资产减值损失	8
加：公允价值变动收益（损失以"-"号填列）	
投资收益（损失以"-"号填列）	
二、营业利润（亏损以"-"号填列）	50
加：营业外收入	18
减：营业外支出	28
三、利润总额（亏损总额以"-"号填列）	40
减：所得税费用	10
四、净利润（净亏损以"-"号填列）	30

七、案例分析提示

案例 1：加深对利润内容的理解

利润反映一定期间的经营成果，由三个层次构成：营业利润、利润总额、净利润。其中，营业利润是由企业营业收入减去营业成本、营业税费、期间费用（包括销售费用、管理费用和财务费用）、资产减值损失，加上公允价值变动净收益、投资净收益后的金额。表示企业日常经营活动的成果；利润总额是指营业利润加上营业外收入，减去营业外支出后的金额。投资收益作为非营业收入，占利润总额比例巨大的公司，绝大多数盈利不佳。去年利润总额增长幅度不小，但是主营业务才是公司经营和发展的基础，其未来能否持续增长值得我们留意。

案例2：认识和了解财务报表

财务报表是财务报告的主要组成部分，它所提供的会计信息具有重要作用。

（1）有利于投资者、债权人和其他有关各方掌握企业的财务状况、经营成果和现金流量情况，进而分析企业的盈利能力、偿债能力、投资收益、发展前景等，为他们投资、贷款和贸易提供决策依据。

（2）有利于满足财政、税务、工商、审计等部门监督企业经营管理。通财务报表可以检查、监督各企业是否遵守国家的各项法律、法规和制度，有无偷税漏税的行为。

第十章　会计核算组织

一、本章学习目标

通过本章的学习，要求掌握记账凭证核算组织程序、科目汇总表核算组织程序、汇总记账凭证核算组织程序的特点和适用范围；理解会计循环的概念及内容。

二、本章知识结构

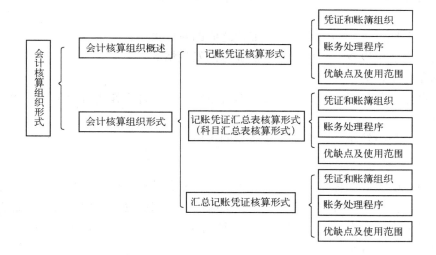

三、本章重点、难点分析

★ 各种不同的会计核算形式的特点和适用范围
★ 各种不同的会计核算形式的本质区别

（一）各种不同的会计核算形式的特点和适用范围

会计账务处理程序有多种形式，各单位采用何种账务处理程序，应由各单位自主选用或设计。目前，我国各经济单位通常采用的主要账务处理程序有四种：记账凭证账务处理程序，汇总记账凭证账务处理程序，科目汇总表账务处理程序和多栏式日记账账务处理程序。上述账务处理程序的主要不同之处在于：登记总分类账的依据和程序不同。

1. 记账凭证账务处理程序的概念

记账凭证账务处理程序是指对发生的经济业务事项，都要根据原始凭证或汇总原始凭证编制记账凭证，然后直接根据每一张记账凭证逐笔登记总分类账的一种账务处理程序。

记账凭证账务处理程序的主要特点是直接根据记账凭证逐笔登记总分类账。它是最基本的账务处理程序，其他账务处理程序都是在此基础上发展演变而形成的。

1）记账凭证账务处理程序的凭证及账簿设置

在这一程序中，记账凭证可以是通用记账凭证，也可以分设收款凭证、付款凭证和转账凭证。需要设置的账簿一般包括：现金日记账、银行存款日记账、明细分类账和总分类账，其中现金日记账、银行存款日记账和总分类账一般采用三栏式，明细分类账根据需要采用三栏式、多栏式和数量金额式。

2）记账凭证账务处理程序的优缺点和适用范围介绍如下。

优点：

（1）在记账凭证上能够清晰地反映账户之间的对应关系；

（2）总分类账可以较详细地反映经济业务的发生情况；

（3）简单明了，易于理解。

缺点：登记总分类账的工作量较大，而且不便于对会计工作进行分工，不能满足大型企业经营管理的需要。

适用范围：规模较小、经济业务量较少的单位。

2. 科目汇总表账务处理程序的概念

科目汇总表账务处理程序又称记账凭证汇总表账务处理程序，它是根据记账凭证定期编制科目汇总表，再根据科目汇总表登记总分类账的一种账务处理程序。科目汇总表账务处理程序的特点是先在定期内（五天或十天）将所有记账凭证汇总编制成科目汇总表，然后根据科目汇总表登记总分类账。

1）科目汇总表账务处理程序的凭证及账簿设置

其记账凭证、账簿的设置与记账凭证账务处理程序基本相同。

科目汇总表可以每汇总一次编制一张，也可以按旬汇总一次，每月编制一张。

其编制方法如下。

（1）将本期所有记账凭证中各会计科目的发生额按会计科目的名称及借、贷方向予以汇总。

（2）计算各个会计科目的本期借方发生额合计数和贷方发生额合计数。

（3）将各会计科目借、贷方发生额合计数分别填入科目汇总表中与有关科目相对应的"本期发生额"栏的借、贷方，并将所有会计科目本期借方发生额、贷方发生额进行合计，借方发生额合计数与贷方发生额合计数相等时，一般说明汇总无误，可据以登记总账。

注意：

（1）对于两种账务处理程序来说，编汇总原始凭证都不是必需的，即可编可不编；

（2）编资产负债表和利润表只依据总分类账和明细分类账的记录。

2）科目汇总表账务处理程序的优缺点和适用范围

优点：可以简化总分类账的登记工作，减轻了登记总分类账的工作量，并可做到试算平衡，简明易懂，方便易学。

缺点：科目汇总表不能反映账户对应关系，不便于查对账目。

适用范围：经济业务较多的单位。

3. 汇总记账凭证账务处理程序

（1）汇总记账凭证账务处理程序：是根据原始凭证或汇总原始凭证编制记账凭证，定期根据记账凭证分类编制汇总收款凭证、汇总付款凭证和汇总转账凭证，再根据汇总记账凭证登记总分类账的一种账务处理程序。

（2）汇总记账凭证账务处理程序与记账凭证账务处理程序的区别：登记总账的依据和方法不同。

（3）汇总记账凭证账务处理程序的特点：定期（5天、10天或15天）将全部记账凭证按收、付款凭证和转账凭证归类编制成汇总记账凭证，然后再根据汇总记账凭证登记总分类账。

（4）汇总记账凭证账务处理程序的凭证和账簿的设置：记账凭证可以采用通用的统一格式，也可采用收款凭证、付款凭证和转账凭证三种专用记账凭证。同时，需设置汇总记账凭证。如果记账凭证采用通用的统一格式，设置的汇总记账凭证也应采用通用的统一格式；如果记账凭证采用收、付、转三种专用格式，则应分别设置汇总收款凭证、汇总付款凭证和汇总转账凭证。

对于转账业务不多的企业，也可以只设置汇总收款凭证和汇总付款凭证，分别汇总收款凭证和付款凭证，而转账凭证不需汇总。

（5）该程序下的账簿组织与记账凭证账务处理程序下的账簿组织基本相同。

（6）汇总记账凭证的种类：汇总记账凭证包括汇总收款凭证、汇总付款凭证和汇总转账凭证。

为了便于汇总转账凭证，平时填制转账凭证时，应尽可能使账户的对应关系保持"一借一贷"或"一贷多借"，避免"一借多贷"或"多借多贷"。

（7）汇总记账凭证账务处理程序的优点：由于汇总记账凭证是根据一定时期内的全部记账凭证，按照科目对应关系进行归类、汇总编制的，便于了解账户之间的对应关系，了解经济业务的来龙去脉，便于查对账目；总分类账根据汇总记账凭证，于月终一次登记入账，减轻了登记总分类账的工作量。

（8）汇总记账凭证账务处理程序的缺点：汇总转账凭证是按每一贷方科目设置，而不是按经济业务的性质归类、汇总，因而不利于会计核算的日常分工。当转账凭证较多时，编制汇总转账凭证的工作量较大。

（9）汇总记账凭证账务处理程序适用范围：规模较大、经济业务较多的单位。

（二）各种不同的会计核算形式的本质区别

合理的会计核算组织形式，应与本单位经济业务的性质、规模大小和经济业务的繁简等实际情况相适应，能够正确、及时地提供全面、系统的会计核算资料，并力求简化核算手续。

目前，已有的会计核算和组织形式有：记账凭证核算组织形式；多栏式日记核算组织形式；科目汇总表核算组织形式；汇总记账凭证核算组织形式；日记总账核算组织形式；分录日记账核算组织形式。

其中，企业、事业单位常用的核算组织形式主要有科目汇总表组织形式、记账凭证核算组织形式及分录日记账核算组织形式。

如前所述，各种基本核算程序、优缺点和适用范围不相同，其中本质区别是登记总账的依据和方法不同。记账凭证账务处理程序根据记账凭证直接登记总账；汇总记账凭证账务处理程序根据汇总收款凭证、汇总付款凭证、汇总转账凭证定期登记总账；科目汇总表账务处理程序根据科目汇总表定期登记总账。

四、本章习题

（一）单项选择题

1. 各种账务处理程序的主要区别是（　　　）。
   A. 凭证格式不同　　　　　　　　　　B. 设置账户不同
   C. 程序繁简不同　　　　　　　　　　D. 登记总账的方法和依据不同
2. 汇总记账凭证账务处理程序与科目汇总表账务处理程序的相同点是（　　　）。
   A. 登记总账的依据相同　　　　　　　B. 记账凭证的汇总方法相同
   C. 保持了账户间的对应关系　　　　　D. 简化了登记总分类账的工作量
3. 编制汇总记账凭证时，正确的处理方法是（　　　）。
   A. 汇总付款凭证按库存现金、银行存款账户的借方设置，并按其对应的贷方账户归类汇总
   B. 汇总收款凭证按库存现金、银行存款账户的贷方设置，并按其对应的借方账户归类汇总
   C. 汇总转账凭证按每一账户的借方设置，并按其对应的贷方账户归类汇总
   D. 汇总转账凭证按每一账户的贷方设置，并按其对应原借方账户归类汇总
4. 为便于科目汇总表的编制，平时填制记账凭证时，应尽可能使账户之间的对应关系

保持（　　）。

    A. 一借一贷　　　　　B. 一借多贷　　　　C. 一贷多借　　　　D. 多借多贷

5. 下列关于汇总记账凭证账务处理程序优点的是（　　）。

    A. 便于进行分工核算　　　　　　　B. 总分类账户反映较详细

    C. 简化了编制凭证的工作量　　　　D. 便于了解账户间的对应关系

6. 以下项目中，属于科目汇总表账务处理程序缺点的是（　　）。

    A. 增加了会计核算的账务处理程序　　B. 增加了登记总分类账的工作量

    C. 不便于检查核对账目　　　　　　　D. 不便于进行试算平衡

7. 汇总转账凭证编制的依据是（　　）。

    A. 原始凭证　　　B. 收款凭证　　　　C. 付款凭证　　　　D. 转账凭证

8. 关于汇总记账凭证账务处理程序，下列说法正确的是（　　）。

    A. 汇总付款凭证按库存现金、银行存款账户的借方设置，并按其对应的贷方账户归类汇总

    B. 汇总收款凭证按库存现金、银行存款账户的借方设置，并按其对应的借方账户归类汇总

    C. 能反映账户之间的对应关系

    D. 能起到试算平衡的作用

9. 适用于规模较小，业务量不大的单位的账务处理程序是（　　）。

    A. 记账凭证账务处理程序　　　　　B. 科目汇总表账务处理程序

    C. 汇总记账凭证账务处理程序　　　D. 多栏式日记账账务处理程序

10. 账务处理程序的核心是（　　）。

    A. 凭证组织　　　B. 账簿组织　　　　C. 记账程序　　　　D. 报表组织

11. 汇总记账凭证账务处理程序的特点是根据（　　）登记总账。

    A. 记账凭证　　　B. 汇总记账凭证　　C. 科目汇总表　　　D. 原始凭证

12. 汇总记账凭证账务处理程序的适用范围是（　　）。

    A. 规模较小，业务较少的单位

    B. 规模较小，业务较多的单位

    C. 规模较大，业务较多的单位

    D. 规模较大，业务较少的单位

13. 下列凭证中，不能作为登记总分类账依据的是（　　）。

    A. 记账凭证　　　B. 科目汇总表　　　C. 汇总记账凭证　　D. 原始凭证

14. 关于记账凭证汇总表，下列表述错误的是（　　）。

    A. 记账凭证汇总表是一种记账凭证

    B. 记账凭证汇总表能起到试算平衡的作用

    C. 记账凭证汇总表保留了账户之间的对应关系

D. 记账凭证汇总表可以简化总分类账的登记工作

15. 下列属于记账凭证核算程序主要缺点的是（　　）。

A. 不能体现账户的对应关系　　　　B. 不便于会计合理分工

C. 方法不易掌握　　　　　　　　　D. 登记总账的工作量较大

16. 企业的会计凭证、会计账簿、会计报表相结合的方式称为（　　）。

A. 账簿组织　　　　　　　　　　　B. 账务处理程序

C. 记账工作步骤　　　　　　　　　D. 会计组织形式

17. 记账凭证账务处理程序的适用范围是（　　）。

A. 规模较大、经济业务量较多的单位　B. 采用单式记账的单位

C. 规模较小、经济业务量较少的单位　D. 会计基础工作薄弱的单位

18. 下列各项中，属于最基本的账务处理程序的是（　　）。

A. 记账凭证账务处理程序　　　　　B. 汇总记账凭证账务处理程序

C. 科目汇总表账务处理程序　　　　D. 日记总账账务处理程序

19. 既能汇总登记总分类账，减轻总账登记工作，又能明确反映账户对应关系，便于查账、对账的账务处理程序是（　　）。

A. 科目汇总表账务处理程序　　　　B. 汇总记账凭证账务处理程序

C. 多栏式日记账账务处理程序　　　D. 日记总账账务处理程序

20. 科目汇总表账务处理程序的缺点是（　　）。

A. 登记总分类账的工作量大　　　　B. 程序复杂，不易掌握

C. 不能对发生额进行试算平衡　　　D. 不便于查账、对账

21. 科目汇总表核算程序适用于（　　）。

A. 规模较小，业务较少的单位　　　B. 规模较小，业务较多的单位

C. 规模较大，业务较多的单位　　　D. 规模较大，业务较少的单位

22. 各种账务程序的主要区别在于（　　）。

A. 汇总的记账凭证不同　　　　　　B. 登记总账的依据不同

C. 汇总的凭证格式不同　　　　　　D. 节省工作时间不同

23. （　　）账务程序适用于规模较小，业务量不多的单位。

A. 记账凭证　　　B. 汇总记账凭证　　C. 科目汇总表　　D. 多栏式日记账

24. 科目汇总表账务程序的缺点是（　　），不便于了解经济活动内容。

A. 不利于会计核算分工　　　　　　B. 不能进行试算平衡

C. 反映不出账户对应关系　　　　　D. 限制会计科目数量

25. 各种账务处理程序的主要区别是（　　）。

A. 总账格式不同　　　　　　　　　B. 登记明细账的依据不同

C. 登记总账的依据和方法不同　　　D. 编制会计报表的依据不同

（二）多项选择题

1. 常用的账务处理程序主要有（　　）。
   A. 记账凭证账务处理程序
   B. 汇总记账凭证账务处理程序
   C. 科目汇总表账务处理程序
   D. 日记总账账务处理程序

2. 为便于填制汇总转账凭证，平时填制转账凭证时，应尽可能使账户的对应关系保持（　　）。
   A. 一借一贷
   B. 一贷多借
   C. 一借多贷
   D. 多借多贷

3. 以下属于记账凭证会计核算程序优点的是（　　）。
   A. 简单明了、易于理解
   B. 总分类账可较详细地记录经济业务发生情况
   C. 便于进行会计科目的试算平衡
   D. 减轻了登记总分类账的工作量

4. 以下属于汇总记账凭证会计核算程序优点的是（　　）。
   A. 能保持账户间的对应关系
   B. 便于会计核算的日常分工
   C. 能减少登记总账的工作量
   D. 能起到入账前的试算平衡作用

5. 以下属于汇总记账凭证会计核算程序特点的是（　　）。
   A. 根据原始凭证编制汇总原始凭证
   B. 根据记账凭证定期编制汇总记账凭证
   C. 根据记账凭证定期编制科目汇总表
   D. 根据汇总记账凭证登记总账

6. 在不同的会计核算组织程序下，登记总账的依据可以是（　　）。
   A. 记账凭证
   B. 汇总记账凭证
   C. 科目汇总表
   D. 汇总原始凭证

7. 为便于科目汇总表的编制，平时编制记账凭证时，应可能避免的账户间的对应关系是（　　）。
   A. 一借一贷
   B. 一借多贷
   C. 一贷多借
   D. 多借多贷

8. 下列不属于科目汇总表账务处理程序优点的是（　　）。
   A. 便于反映各账户间的对应关系
   B. 便于进行试算平衡
   C. 便于检查核对账目
   D. 简化登记总账的工作量

9. 不同会计核算程序所具有的相同之处是（　　）。
   A. 编制记账凭证的直接依据相同
   B. 编制会计报表的直接依据相同
   C. 登记总分类账簿的直接依据相同
   D. 登记明细分类账簿的直接依据相同

10. 账簿组织包括（　　）。
    A. 账簿的种类
    B. 账簿的格式
    C. 账户的名称
    D. 账簿之间的关系

11. 关于记账凭证汇总表，下列表述正确的有（　　）。
    A. 记账凭证汇总表是一种记账凭证

　　　B. 记账凭证汇总表能起到试算平衡的作用

　　　C. 记账凭证汇总表保留了账户之间的对应关系

　　　D. 可以简化总分类账的登记工作

12. 在各种会计核算形式下，明细分类账可以根据（　　　）登记。

　　　A. 原始凭证　　　　　B. 记账凭证　　　　C. 原始凭证汇总表 D. 记账凭证汇总表

13. 对于汇总记账凭证核算形式，下列说法错误的是（　　　）。

　　　A. 登记总账的工作量大　　　　　　　　B. 不能体现账户之间的对应关系

　　　C. 明细账与总账无法核对　　　　　　　D. 汇总记账凭证的编制较为烦琐

14. 在汇总记账凭证核算形式下，记账凭证可以采用（　　　）。

　　　A. 通用的统一格式的记账凭证

　　　B. 收款、付款、转账三种专用格式的记账凭证

　　　C. 数量金额式　　　　　　　　　　　　D. 横线登记式

15. 在不同账务处理程序下，下列可以作为登记总分类账依据的有（　　　）。

　　　A. 记账凭证　　　　　B. 科目汇总表　　　C. 汇总记账凭证　　　D. 多栏式日记账

16. 各种账务处理程序的相同之处表现为（　　　）。

　　　A. 登记现金、银行存款日记账的依据和方法相同

　　　B. 登记明细账的依据和方法相同

　　　C. 登记总账的依据和方法相同

　　　D. 编制会计报表的依据和方法相同

17. 采用科目汇总表账务处理程序时，月末应将（　　　）与总分类账进行核对。

　　　A. 现金日记账　　　　B. 明细分类账　　　C. 汇总记账凭证　　　D. 银行存款日记账

18. 记账凭证账处理程序适用于（　　　）。

　　　A. 规模较大　　　　　B. 规模较小　　　　C. 凭证不多　　　　　D. 所用会计科目较多

19. 能够起到简化登记分类账工作的账务处理程序的是（　　　）账务处理程序。

　　　A. 汇总记账凭证　　　B. 记账凭证　　　　C. 科目汇总表　　　　D. 日记总账

（三）判断题

　　1. 科目汇总表的账务处理程序的优点在于：既简化了核算手续，又保持了科目之间的对应关系。　　　　　　　　　　　　　　　　　　　　　　　　　　　　　　（　　　）

　　2. 科目汇总表的账务处理程序的主要特点是根据记账凭证编制科目汇总表，并根据科目汇总表填制报表。　　　　　　　　　　　　　　　　　　　　　　　　　　（　　　）

　　3. 科目汇总表账务处理程序能科学地反映账户间的对应关系，且便于账目核对。（　　　）

　　4. 在科目汇总表和总账中，不反映科目对应关系，因而不便于分析经济业务的来龙去脉，不便于查对账目。　　　　　　　　　　　　　　　　　　　　　　　　　（　　　）

　　5. 库存现金日记账和银行存款日记账不论在何种会计核算形式下，都是根据收款凭证

和付款凭证逐日逐笔顺序登记的。　　　　　　　　　　　　　　（　　）

6. 账务处理程序就是指记账程序。　　　　　　　　　　　　　（　　）

7. 同一企业可以同时采用几种不同的账务处理程序。　　　　　（　　）

8. 汇总记账凭证和科目汇总表编制的依据和方法相同。　　　　（　　）

9. 汇总记账凭证既能反映账户的对应关系，也起到试算平衡的作用。（　　）

10. 企业不论采用哪种会计核算形式，都必须设置日记账、总分类账和明细分类账。

　　　　　　　　　　　　　　　　　　　　　　　　　　　　（　　）

11. 编制财务会计报告是企业账务处理程序的组成部分。　　　（　　）

12. 汇总记账凭证账务处理程序是最基本的账务处理程序。　　（　　）

13. 记账凭证是登记账簿的直接依据。　　　　　　　　　　　（　　）

14. 账务处理程序不同，现金和银行存款日记账登记的程序也不相同。（　　）

15. 汇总记账凭证核算形式是其他会计核算形式的基础。　　　（　　）

五、案例分析

案例1：账务处理程序的运用

王城周末和几个同学小聚了一番，多日不见大家格外亲热，谈论中大家谈到了实习。王城和一位在另一家外贸公司实习的同学发现两家公司总账登记的方法有所不同。一家是根据记账凭证直接逐笔登记，而另一家是汇总记账凭证后形成科目汇总表，然后据此登记总账。

问题：

（1）为什么两家公司的总账登记方法不同？

（2）两家公司的账务处理程序有何不同？

（3）如何选择和设置账务处理程序？不同的账务处理程序在提供的会计信息方面有何不同？

案例2：登记总账方法的选择

王蓝在一家小型企业从事会计工作多年，该企业的会计核算形式采用记账凭证核算形式。最近，王蓝调到另一家公司继续从事会计工作，并具体负责登记相关账簿和编制报表。在工作中，她仍然按照记账凭证核算形式进行明细账和总账的登记工作。由于这家公司的业务量远远超出她以前所在单位的工作量，因此，王蓝感到工作效率不高，有些力不从心。

问题：请你根据所学的知识，给王蓝提供一些建议。

六、参考答案

（一）单项选择题

1. D　2. D　3. D　4. A　5. D　6. C　7. D　8. C　9. A　10. B　11. B　12. C

13．D　14．C　15．D　16．B　17．C　18．A　19．B　20．D　21．C　22．B　23．A 24．C　25．C

（二）多项选择题

1．ABC　2．AB　3．AB　4．AC　5．ABD　6．ABC　7．BCD　8．AC　9．ABD 10．ABD　11．ABD　12．ABC　13．ABC　14．AB　15．ABCD　16．ABD　17．ABD　18．BC 19．ACD

（三）判断题

1．×　2．×　3．×　4．√　5．√　6．×　7．×　8．×　9．×　10．√　11．√ 12．×　13．√　14．×　15．×

七、案例分析提示

案例1

（1）为什么两家公司的总账登记方法不同？

公司在登记总账时根据规模大小和业务量多少选择合适的账务处理程序。不同的账务处理程序主要区别是登记总账的方法和依据不同。

（2）两家公司的账务处理程序有何不同？

根据记账凭证直接逐笔登记总账的账务处理程序叫作记账凭证账务处理程序，根据科目汇总表汇总登记总账的账务处理程序叫作科目汇总表账务处理程序。

（3）如何选择和设置账务处理程序？不同的账务处理程序在提供的会计信息方面有何不同？

合理的会计账务处理程序应与本单位经济业务的性质、规模大小和经济业务的繁简等实际情况相适应，能够正确、及时地提供全面、系统的会计核算资料，并力求简化核算手续。各种账务处理程序的优缺点和适用范围不相同，其中本质区别是登记总账的依据和方法不同。记账凭证账务处理程序是根据记账凭证直接登记总账；汇总记账凭证账务处理程序是根据汇总收款凭证、汇总付款凭证、汇总转账凭证定期登记总账；科目汇总表账务处理程序是根据科目汇总表定期登记总账。

案例2

在记账凭证核算形式下，明细账和总账的登记是根据记账凭证逐笔进行的，适用于规模小、业务量不大的单位。在业务量较大的情况下，仍采用这种核算形式，就会影响工作效率。会计业务量较大的单位，适宜采用汇总记账凭证和科目汇总表核算形式，可以大大简化登记总账的工作量。

第十一章　会计工作组织

一、本章学习目标

通过本章学习，应理解和弄懂会计工作组织的意义、原则和内容；会计机构的种类，会计人员的基本要求，了解会计电算化的基本知识。

二、本章知识结构

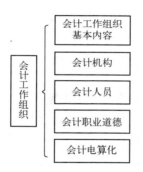

三、本章习题

（一）单项选择题

1. 《中华人民共和国会计法》明确规定，管理全国会计工作的部门是（　　）。
   A. 国务院　　　　B. 财政部　　　C. 全国人民代表大会　　　D. 注册会计师协会
2. 在大中型企业中，领导和组织企业会计工作和经济核算工作的是（　　）。
   A. 厂长　　　　　B. 注册会计师　C. 高级会计师　　　　　　D. 总会计师
3. 关于会计部门内部的岗位责任制，下列说法中错误的是（　　）。
   A. 必须贯彻钱账分设、内部牵制的原则
   B. 人员分工可以一岗一人，也可以一岗多人或多岗一人
   C. 会计人员合理分工，能划小核算单位，缩小会计主体，简化会计工作

D. 应保证每一项会计工作都有专人负责

4. 会计人员的职责中不包括（　　　）。

    A. 进行会计核算　　B. 实行会计监督　C. 编制预算　　　　　　　　D. 决定经营方针

5. 会计职业道德是一种（　　　）。

    A. 强制性规范　　　　B. 法律规范　　　C. 非强制性规范　　　　D. 职业道德

6. 在我国，为了保证国有经济顺利、健康有序发展，在国有企、事业单位中任用会计人员应实行（　　　）。

    A. 一贯政策　　　　B. 回避政策　　　C. 优先政策　　　　　　　　D. 领导制度

7. 会计人员办理交接手续，必须有监交人负责监交，其中会计机构负责人办理交接手续，其监交人是（　　　）。

    A. 会计机构负责人　B. 单位负责人　　C. 财政部门领导　　　　　　D. 其他会计人员

（二）多项选择题

1. 合理地组织企业的会计工作，能够（　　　）。

    A. 提高会计工作的效率　　　　　　　　　　B. 提高会计工作的质量

    C. 确保会计工作与其他经济管理工作协调一致　　D. 加强各单位内部的经济责任制

2. 会计工作的组织，主要包括（　　　）。

    A. 会计机构的设置　　　B. 会计人员的配备　　C. 会计法规、制度的制定与执行

    D. 会计档案的保管　　　E. 会计工作的组织形式

3. 我国会计专业技术职务分别规定为（　　　）。

    A. 高级会计师　　　　B. 会计师　　　　　C. 注册会计师　　　D. 助理会计师

    E. 会计员

4. 有关会计人员的法规包括（　　　）。

    A.《会计人员职权条例》　B.《总会计师条例》　　C.《会计基础工作规范》

    D.《中华人民共和国注册会计师法》　　　　E.《会计档案管理办法》

5. 会计人员和会计机构的主要职责有（　　　）。

    A. 进行会计核算　　　B. 实行会计监督　　C. 拟定本单位的会计工作实施办法和制度

    D. 编制预算和财务计划，并考核分析执行情况　　　E. 办理其他会计事项

6. 各单位应当建立内部会计管理体系，其主要内容包括（　　　）。

    A. 单位领导人、总会计师对会计工作的领导职责

    B. 会计部门及其会计机构负责人、会计主管人员的职责和权限

    C. 会计部门与其他职能部门的关系　　　D. 会计核算的组织形式

    E. 会计人员的工作岗位设置

7. 会计人员的主要权限有（　　　）。

    A. 督促本单位有关部门执行国家财务会计制度　　　　　　B. 参与本单位编制计划

C. 对外签订经济合同　　　　D. 有权检查本单位有关部门的财务收支

E. 参加有关的业务会议

8. 在国有企业、事业单位的下列人员中，其任免应当经过上级主管单位同意，不得任意调动或者撤换的有（　　）。

A. 会计机构负责人　　　B. 会计人员　　　C. 总会计师

D. 会计主管人员　　　E. 高级会计师

9. 根据电子计算机在会计工作中的应用程度，电算会计包括的层次有（　　）。

A. 初级电算会计　　　B. 近代电算会计　　　C. 中级电算会计

D. 现代电算会计　　　E. 高级电算会计

10. 在会计中应用电子计算机的作用主要有（　　）。

A. 促进会计核算手段的变更　　　B. 提高会计核算的效率

C. 促进会计核算工作的规范化　　　D. 提高会计核算工作质量

E. 促进会计职能转变

11. 下列各项中属于会计电算化系统的组成内容的是（　　）。

A. 计算机硬件　　　B. 系统软件　　　C. 应用软件

D. 从业人员　　　E. 与会计电算化有关的规章制度

12. 合计电算化工作的从业人员是指（　　）。

A. 从事电算化软件的开发研制人员　　　B. 系统维护人员

C. 从事电算化教学的人员　　D. 操作人员　　　E. 会计电算化的管理人员

13. 下列系统中，属于会计电算化系统结构子系统的是（　　）。

A. 账务处理系统　　　B. 固定资产核算系统　　　C. 工资核算系统

D. 材料核算系统　　　E. 销售核算系统

14. 会计电算化系统与手工会计系统的共同点表现为（　　）。

A. 基本原理相同　　　B. 会计的目标相同　　　C. 所依据的会计理论和方法相同

D. 应遵守的会计法规和准则相同　　　E. 都必须妥善保存会计档案

15. 会计电算化系统与手工会计系统的不同点主要有（　　）。

A. 是否需要对会计科目分类编码　　　B. 是否填制记账凭证

C. 是否需要登记分类账户　　　D. 会计账簿形式是否多样化

E. 会计报表能否自动生成

16. 对我国会计电算化工作现状的基本估计是（　　）。

A. 已进入了普及和推广阶段　　　B. 已进入法制化、制度化管理阶段

C. 会计电算化软件市场已具有相当规模　　　D. 专门人才队伍基本形成

E. 已进入了核算、管理和决策一体化阶段

17. 我国会计电算化工作未来的发展趋势是（　　）。

A. 会计电算化将进一步向普及化方向发展

　　B. 会计电算化将向核算、管理与决策一体化方向发展

　　C. 会计电算化软件将进一步向通用化、专业化方向发展

　　D. 会计电算化将向法制化、制度化方向发展

　　E. 会计电算化将从单机应用向网络会计方向发展

18. 电子商务对会计的影响主要有（　　　）。

　　A. 会计假设理论需进一步完善　　　　B. 要求会计服务范围更加广泛

　　C. 会计手段应多样化和现代化　　　　D. 需要高素质复合型会计人才

　　E. 要求会计市场国际化

19. 网络会计的基本特征有（　　　）。

　　A. 全面性　　　B. 多样化　　　C. 集中性　　　D. 动态性　　　E. 开放性

20. 网络会计对会计假设基本理论的影响主要体现在（　　　）。

　　A. 对会计主体假设的影响　　　　　　B. 对持续经营假设的影响

　　C. 对会计分期假设的影响　　　　　　D. 对货币计量假设的影响

　　E. 对历史成本假设的影响

（三）判断题（正确的打√，不正确的打×）

1. 《中华人民共和国会计法》明确规定，国务院直接管理全国各地区的会计工作。
（　　　）

2. 企业会计工作的组织形式是统一领导、分级管理。　　　　　　　　（　　　）

3. 在《企业会计准则》中，对会计机构负责人和会计主管人员的任免，都作了若干特殊的规定。　　　　　　　　　　　　　　　　　　　　　　　　　　　　　（　　　）

4. 会计制度包括国家统一的行业会计制度和企业单位内部的会计制度。（　　　）

5. 会计职业道德是一种强制性规范。　　　　　　　　　　　　　　　（　　　）

6. 组织会计工作的统一性要求是指组织会计工作必须适应本单位经营管理的特点。
（　　　）

7. 《中华人民共和国会计法》规定，任何企业单位都必须设置总会计师，其任职资格、任免程序、职责权限由国务院统一规定。　　　　　　　　　　　　　　（　　　）

8. 会计职业道德是一定社会调节人际关系的行为规划的总和，属于上层建筑的范畴。
（　　　）

9. 电子会计是利用电子计算机进行会计数据的处理。　　　　　　　　（　　　）

10. 中级电算会计是指利用电子计算机完成某一方面会计数据的处理。（　　　）

11. 高级电算会计是指高水平系统应用和网络应用的电算会计。　　　（　　　）

12. 在会计中应用电子计算机仅仅是为了提高会计人员的业务素质。　（　　　）

13. 会计信息处理电算化简称会计电算化。　　　　　　　　　　　　（　　　）

14. 会计电算化系统由计算机硬件、软件、从业人员和规章制度组成。（　　　）

15. 在会计电算化中，规章制度能够保证系统高速有效的运行。　　　（　　）
16. 在会计电算化系统中，账务处理子系统起到了纽带作用。　　　（　　）
17. 电子计算机在会计上的应用，改变了会计的基本原理。　　　　（　　）
18. 在会计电算化系统下，对会计档案可不必装订成册保管。　　　（　　）
19. 在会计电算化系统下，对于会计科目应分类编码。　　　　　　（　　）
20. 在会计电算化系统下，账簿形式有磁盘文件和打印文件两种。　（　　）

四、案例分析

案例1：总会计师的尴尬处境

资料：2003 年 11 月，东茂公司因产品销售不畅，新产品研发受阻。公司财会部预测公司本年度将发生 800 万元亏损。刚刚上任的公司总经理责成总会计师王某千方百计实现当年盈利目标，并说：“实在不行，可以对会计报表做一些会计技术处理。”总会计师很清楚公司本年度亏损已成定局，要落实总经理的盈利目标，只能在财务会计报告上做手脚。总会计师感到左右为难：如果不按总经理的意见去办，自己以后在公司不好待下去；如果照总经理的意见办，对自己也有风险。为此，总会计师思想负担很重，不知如何是好。

问题：根据《中华人民共和国会计法》和会计职业道德的要求，分析总会计师王某应如何处理，并简要说明理由。

案例2：职业道德缺失的后果

安徽王某，23 岁，大学专科毕业后分配到某市一国债服务部，担任柜台出纳兼任金库保管员。1999 年 5 月 11 日，王某偷偷从金库中取出 1997 年国库券 30 万元，4 个月后，王某见无人知晓，胆子开始大了起来，又取出 50 万元，通过证券公司融资回购方法，拆借人民币 89.91 万元，用来炒股，没想到赔了钱。王某在无力返还单位债券的情况下，索性于 1999 年 12 月 14 日、15 日，将金库里剩余的 14.03 万元国库券和股市上所有的 73.7 万元人民币全部取出后潜逃，用化名在该市一处民房租住隐匿。至此，王某共贪污 1997 年国库券 94.03 万元，折合人民币 118.51 万元。案发后，当地人民检察院立案侦查，王某迫于各种压力，于 2000 年 1 月 8 日投案自首，检察院依法提起公诉。

问题：

（1）上述案例中犯罪嫌疑人王某年轻，有学历，在比较重要的岗位工作，但胆大妄为，从学校刚刚走上工作岗位就犯罪。这说明了什么？

（2）结合上述案例简述会计职业道德教育的意义。

（3）简述会计职业道德教育的层次及具体内容。

五、参考答案

（一）单项选择题

1. B　2. D　3. C　4. D　5. C　6. B　7. B

（二）多项选择题

1. ABCD　2. ABCD　3. ABDE　4. ABD　5. ABCDE　6. ABCD　7. ABCDE　8. ABDE
9. ACD　10. ACE　11. ABCDE　12. ABCDE　13. ABCDE　14. ABCDE　15. ABCDE
16. ABDE　17. ABCD　18. BCE　19. ABCDE　20. ABCDE

（三）判断题

1. ×　2. ×　3. ×　4. ×　5. ×　6. ×　7. ×　8. ×　9. √　10. ×　11. √
12. ×　13. √　14. √　15. √　16. √　17. ×　18. ×　19. √　20. √

六、案例分析提示

案例1

总会计师王某应当拒绝总经理的要求。因为总经理的要求不仅违反了《中华人民共和国会计法》第四条"单位负责人对本单位的会计工作和会计资料的真实性、完整性负责"，第五条"任何单位或者个人不得以任何方式授意、指使、强令会计机构、会计人员伪造、变造会计凭证、会计账簿和其他会计资料，提供虚假财务会计报告"，也违背了会计职业道德中的会计人员应当诚实守信、客观公正、遵守准则的要求。

案例2

（1）这说明该会计人员在学校缺乏会计职业道德教育，没有丝毫会计职业道德观念和法制观念，内心深处没有构筑道德的防线，或者说道德防线十分脆弱，不堪一击。从会计职业道德规范的角度分析，该会计人员违背了"爱岗敬业""诚实守信""廉洁自律"等会计职业道德规范。此外，此案也说明了建立单位内部控制制度的重要性。

（2）会计职业道德教育有利于提高会计职业道德水平；会计职业道德教育有利于培养会计人员会计职业道德情感；会计职业道德教育有利于树立会计职业道德信念。

（3）层次：一是对潜在会计人员的会计职业道德教育；二是对从事会计职业的人员进行岗前会计职业道德教育；三是对会计人员的继续教育。

综合模拟试卷

基础会计试卷一

一、单项选择题（每小题1分，共20分）

1. 会计的基本职能是（　　）。
   A. 核算和监督　　　　B. 预测和决策　　　　C. 监督和分析　　　　D. 反映和核算
2. 会计核算应以实际发生的交易或事项为依据，如实反映企业财务状况，体现（　　）的原则。
   A. 实质重于形式　　　B. 明晰性　　　　　　C. 客观性　　　　　　D. 谨慎性
3. 会计核算内在的空间和范围的基本前提是（　　）。
   A. 持续经营　　　　　B. 会计分期　　　　　C. 会计主体　　　　　D. 货币计量
4. 在借贷记账法中，账户的哪一方记增加数，哪一方记减少数，是由（　　）决定的。
   A. 记账规则　　　　　B. 账户性质　　　　　C. 业务性质　　　　　D. 账户结构
5. 下列（　　）属于资产类科目。
   A. 应收账款　　　　　B. 应付账款　　　　　C. 管理费用　　　　　D. 实收资本
6. 下列（　　）属于负债类科目。
   A. 销售费用　　　　　B. 预收账款　　　　　C. 管理费用　　　　　D. 应收账款
7. 财务部门计算职工工资时，在会计处理上应贷记"（　　）"账户。
   A. 盈余公积　　　　　B. 应付职工薪酬　　　C. 专用基金　　　　　D. 实收资本
8. 车间管理部门使用的固定资产提取折旧费时，应借记"（　　）"账户，贷记"累计折旧"账户。
   A. 制造费用　　　　　B. 管理费用　　　　　C. 财务费用　　　　　D. 折旧费用
9. 企业在生产经营过程中借入短期借款的利息支出应记入（　　）账户。
   A. 财务费用　　　　　B. 销售费用　　　　　C. 制造费用　　　　　D. 管理费用
10. 向银行提取现金准备发放职工工资的业务，应根据（　　）填制。
    A. 收款凭证　　　　　　　　　　　　　　　　B. 银行存款付款凭证
    C. 转账凭证　　　　　　　　　　　　　　　　D. 收款和付款凭证

11. "限额领料单"属于（　　　）。

    A. 累计凭证　　　　B. 外来凭证　　　　C. 汇总凭证　　　　D. 付款凭证

12. 会计凭证按其（　　　）不同，可以分为原始凭证和记账凭证。

    A. 反映业务的方法　　　　　　　　B. 填制方式

    C. 取得来源　　　　　　　　　　　D. 填制的程序和用途不同

13. 科目汇总表核算程序适用于（　　　）。

    A. 规模较小，业务较少的单位　　　B. 规模较小，业务较多的单位

    C. 规模较大，业务较多的单位　　　D. 规模较大，业务较少的单位

14. 各种账务处理程序的主要区别在于（　　　）。

    A. 汇总的记账凭证不同　　　　　　B. 登记总账的依据不同

    C. 汇总的凭证格式不同　　　　　　D. 节省工作时间不同

15. （　　　）账务程序适用于规模较小，业务量不多的单位。

    A. 记账凭证　　　B. 汇总记账凭证　　　C. 科目汇总表　　　D. 多栏式日记账

16. 月末，企业将期间费用账户的借方发生额合计转入（　　　）

    A. "生产成本"账户借方　　　　　　B. "制造费用"账户借方

    C. "本年利润"账户借方　　　　　　D. "管理费用"账户借方

17. 销售费用属于期间费用，按月归集，月末全部转入"（　　　）"账户，以确定当期经营成果。

    A. 生产成本　　　B. 本年利润　　　C. 期间费用　　　D. 管理费用

18. 在结账之前，如果发现账簿记录有错误，而记账凭证填制正确，更正时可用（　　　）。

    A. 补充登记法　　　B. 划线更正法　　　C. 红字更正法　　　D. 更换账页法

19. 企业在撤销或合并时，对企业的财产物资应进行（　　　）。

    A. 全面清查　　　B. 定期清查　　　C 局部清查　　　D. 重点清查

20. 资产负债表的资产项目应按其（　　　）程度大小顺序排列。

    A. 流动性　　　B. 重要性　　　C. 变动性　　　D. 盈利性

二、多项选择题（每小题1分，共10分）

1. 会计分录的基本内容有（　　　）。

    A. 应记账户的名称　　B. 应记账户的方向　　C. 应记入账的时间　　D. 应记入账的金额

2. 下列各要素中，以会计等式为理论根据的有（　　　）。

    A. 复式记账　　　B. 成本计算　　　C. 试算平衡　　　D. 编制会计报表

3. 在下列账户中，属于损益类账户的是（　　　）。

    A. 所得税费用　　　B. 投资收益　　　C. 制造费用

    D. 生产成本　　　E. 管理费用　　　F. 补贴收入

4. 在下列账户中，按权责发生制要求而设置的账户是（　　　）。

A. 固定资产　　　　　B. 预付账款　　　　　C. 原材料

D. 应交税费　　　　　E. 利润分配　　　　　F. 预收账款

5. 属于企业的其他业务收入有（　　　）。

   A. 出租包装物的租金收入　　　　　　B. 出售废品收入

   C. 出售商品收入　　　　　　　　　　D. 出售材料收入

6. 在下列各项费用中，属于"制造费用"的有（　　　）。

   A. 车间机物料消耗　　　　　　　　　B. 车间管理人员工资

   C. 生产直接耗用材料　　　　　　　　D. 劳动保护费

7. 在下列各项支出中，属于企业营业外支出的有（　　　）。

   A. 固定资产盘亏　　　　　　　　　　B. 罚款支出

   C. 企业发生的非常损失　　　　　　　D. 利息支出

8. 记账凭证按其记录经济业务的内容不同，可分为（　　　）。

   A. 收款凭证　　　B. 转账凭证　　　C. 汇总凭证　　　D. 付款凭证

9. 在下列各项分类标准中，适用原始凭证分类的是（　　　）。

   A．来源　　　　　B. 用途　　　　　C. 格式　　　　　D. 填制手续

10. 下列账簿属于明细分类账账页格式的是（　　　）。

   A. 三栏式　　　　B. 多栏式　　　　C. 卡片式　　　　D. 数量金额式

三、判断题（每小题 1 分，共 10 分）

1. 会计核算是会计工作的基本环节，其主要内容是反映和监督。　　　　　　（　　　）

2. 会计处理的方法应始终保持前后一致，不得随意变更，这是会计核算的可比性原则。

   （　　　）

3. 会计科目是对会计对象的具体内容进行分类核算的项目。　　　　　　　　（　　　）

4. 试算平衡时如果借贷平衡，可以肯定账户记录或计算正确。　　　　　　　（　　　）

5. 车间领用一般性消耗的材料，在会计处理上应属于增加管理费用。　　　　（　　　）

6. 记账凭证按其所反映的经济内容不同，可以分为原始凭证、汇总凭证和累计凭证。

   （　　　）

7. 由于记账凭证错误而造成的账簿记录错误，应采用划线更正法进行更正。　（　　　）

8. 各种会计核算程序的相同之处在于其基本模式不变。　　　　　　　　　　（　　　）

9. 对于各种未达账项，会计人员应根据银行存款余额调节表登记入账。　　　（　　　）

10. 资产负债表中"货币资金"项目应根据银行存款日记账余额填列。　　　　（　　　）

四、计算分析题（10 分）

某公司 2015 年 3 月份部分经济业务如下。

1. 收到上月份产品销售货款 5 000 元。

2. 销售产品 78 000 元,其中 54 000 元已收到现款,存入银行,其余货款尚未收到。

3. 预收销售款 32 000 元。

4. 支付本月份的水电费 2 400 元。

5. 本月份提供劳务收入 2 600 元,存入银行。

6. 预付下一季度房租 3 600 元。

7. 年初已支付全年财产保险费 12 000 元,本月负担 1 000 元。

8. 上月预收货款的产品本月已发出,实现收入 23 000 元。

要求:分别用权责发生制和收付实现制计算该公司 3 月份的收入和费用。

五、业务核算题（50 分）

1. 某企业 2015 年 8 月份内发生以下经济业务。

（1）生产车间从仓库领用各种原材料进行产品生产。计划用于生产 A 产品甲材料 150 千克,单价 10.50 元,乙材料 100 千克,单价 16.50 元;用于生产 B 产品甲材料 120 千克,单价 10.50 元,乙材料 80 千克,单价 16.50 元。

（2）结算本月份应付职工工资,按用途归集如下:

A 产品生产工人工资	5 000 元
B 产品生产工人工资	4 000 元
车间管理人员工资	2 000 元
管理部门职工工资	3 000 元

（3）用银行存款支付本月生产车间发生电费 280 元。

（4）计提本月份固定资产折旧,其中车间使用的固定资产计提折旧 500 元,企业管理部门使用的固定资产计提折旧 300 元。

（5）用现金支付本月生产车间发生水费 200 元。

（6）车间报销办公费及其他零星开支 400 元,以现金支付。

（7）车间管理人员出差报销差旅费 220 元,原预支 300 元,余额归还现金。

（8）结转制造费用（按生产工人工资比例分配）。

（9）本月 A 产品 100 件,B 产品 80 件,均已全部制造完成,并已验收入库,按其实际成本转账。

要求:

（1）根据上列的经济业务编制会计分录。（18 分）

（2）登记"制造费用"总分类账户和"生产成本"明细分类账。（注意:用"T"形账户代替）（6 分）

（3）计算制造费用分配率。（2 分）

2. 资料:企业 2015 年 7 月份发生以下有关销售经济业务。

（1）向甲工厂出售 A 产品 500 件,每件售价 60 元,增值税 17%,货款已收到,存入银行。

（2）向乙公司出售 B 产品 300 件，每件出售 150 元，增值税 17%，货款尚未收到。

（3）按出售的两种产品的实际销售成本转账（A 产品每件 45 元，B 产品每件 115 元）。

（4）以银行存款支付上述 A、B 两种产品在销售过程中的包装费 1 000 元。

（5）结算本月份销售机构职工工资 1 140 元。

（6）按规定计算 A、B 产品应缴纳的消费税（按销售价计算，消费税率为 10%）。

（7）向丙工厂出售材料物资 100 千克，每千克售价 12 元，货款 1 404 元（含税）已收到，存入银行，增值税 17%。

（8）按出售的材料物资实际销售成本转账（每千克 10 元）。

（9）因客户违反合同，取得 6 000 元的索赔款，款项存入银行。

（10）行政管理部门购买办公用品 1 000 元，用银行存款支付。

要求：

（1）根据上列各项经济业务编制会计分录。（20 分）

（2）计算营业利润。（4 分）

基础会计试卷一答案

一、单项选择题（每小题 1 分，共 20 分）

1. A 2. C 3. C 4. B 5. A 6. B 7. B 8. A 9. A 10. B 11. A 12. D
13. C 14. B 15. A 16. C 17. B 18. B 19. A 20. A

二、多项选择题（每小题 1 分，共 10 分）

1. BD 2. ACD 3. ABEF 4. BF 5. ABD 6. ABD 7. ABC 8. ABD 9. ACD
10. AB

三、判断题（每小题 1 分，共 10 分）

1. × 2. √ 3. √ 4. × 5. × 6. × 7. × 8. √ 9. × 10. ×

四、计算分析题（10 分）

1. 权责发生制：

收入：78 000 + 2 600 + 23 000 = 103 600（2.5 分）

费用：2 400 + 1 000 = 3 400（2.5 分）

2. 收付实现制：

收入：5 000 + 54 000 + 32 000 = 91 000（2.5 分）

费用：2 400 + 3 600 = 6 000（2.5 分）

五、业务核算题（50分）

1. （1）借：生产成本——A　　　　　　　　　　3 225

　　　　　　　　——B　　　　　　　　　2 580

　　　贷：原材料　　　　　　　　　　　　　　5 805

　　　　　　　　　　　　　　　　　　　　　（2分）

（2）借：生产成本——A　　　　　　　　　　5 000

　　　　　　　　——B　　　　　　　　　4 000

　　　制造费用　　　　　　　　　　　　　　2 000

　　　管理费用　　　　　　　　　　　　　　3 000

　　　贷：应付职工薪酬　　　　　　　　　　14 000

　　　　　　　　　　　　　　　　　　　　　（2分）

（3）借：制造费用　　　　　　　　　　　　280

　　　贷：银行存款　　　　　　　　　　　　280

　　　　　　　　　　　　　　　　　　　　　（2分）

（4）借：制造费用　　　　　　　　　　　　500

　　　管理费用　　　　　　　　　　　　　300

　　　贷：累计折旧　　　　　　　　　　　　800

　　　　　　　　　　　　　　　　　　　　　（2分）

（5）借：制造费用　　　　　　　　　　　　200

　　　贷：库存现金　　　　　　　　　　　　200

　　　　　　　　　　　　　　　　　　　　　（2分）

（6）借：制造费用　　　　　　　　　　　　400

　　　贷：库存现金　　　　　　　　　　　　400

　　　　　　　　　　　　　　　　　　　　　（2分）

（7）借：制造费用　　　　　　　　　　　　220

　　　库存现金　　　　　　　　　　　　　80

　　　贷：其他应收款　　　　　　　　　　　300

　　　　　　　　　　　　　　　　　　　　　（2分）

（8）计算过程：

　　制造费用总额 = 2 000 + 280 + 500 + 200 + 400 + 220 = 3 600　　3 600

　　　　　　　　　　　　　　　　　　　　　（2分）

　　分配率 = 3 600/(5 000 + 4 000) = 0.4

　　A产品分配制造费用 = 5 000 × 0.4 = 2 000　　2 000

B 产品分配制造费用 = 3 600 – 2 000 = 1 600   1 600

（9）借：库存商品——A   10 225
                ——B   8 180
    贷：生产成本——A   10 225
                ——B   8 180
                                                                              （2 分）

制造费用分配率 = 3 600/9 000 = 0.4 （2 分）

制造费用（2 分）

2) 2 000	(8) 3 600
3) 280	
4) 500	
5) 200	
6) 400	
7) 220	

生产成本——A（2 分）

1) 3 225	9) 10 225
2) 5 000	
8) 2 000	

生产成本——B（2 分）

1) 2 580	9) 8 180
2) 4 000	
8) 1 600	

2.（1）借：银行存款   35 100
      贷：主营业务收入   30 000
          应交税费——应交增值税（销项税额）   5 100
                                                                              （2 分）

（2）借：应收账款   52 650
      贷：主营业务收入   45 000

　　　　　应交税费——应交增值税（销项税额）　　　　　7 650

　　　　　　　　　　　　　　　　　　　　　　　　　　　　（2分）

（3）借：主营业务成本　　　　　　　　　　　　　　57 000

　　　贷：库存商品——A　　　　　　　　　　　　22 500

　　　　　　　　　　——B　　　　　　　　　　　34 500

　　　　　　　　　　　　　　　　　　　　　　　　　　　　（2分）

（4）借：销售费用　　　　　　　　　　　　　　　　 1 000

　　　贷：银行存款　　　　　　　　　　　　　　　　 1 000

　　　　　　　　　　　　　　　　　　　　　　　　　　　　（2分）

（5）借：销售费用　　　　　　　　　　　　　　　　 1 140

　　　贷：应付职工薪酬　　　　　　　　　　　　　　 1 140

　　　　　　　　　　　　　　　　　　　　　　　　　　　　（2分）

（6）借：营业税金及附加　　　　　　　　　　　　　 7 500

　　　贷：应交税费——应交消费税　　　　　　　　 7 500

　　　　　　　　　　　　　　　　　　　　　　　　　　　　（2分）

（7）借：银行存款　　　　　　　　　　　　　　　　 1 404

　　　贷：其他业务收入　　　　　　　　　　　　　　 1 200

　　　　　应交税费——应交增值税（销项税额）　　　204

　　　　　　　　　　　　　　　　　　　　　　　　　　　　（2分）

（8）借：其他业务成本　　　　　　　　　　　　　　 1 000

　　　贷：原材料　　　　　　　　　　　　　　　　　 1 000

　　　　　　　　　　　　　　　　　　　　　　　　　　　　（2分）

（9）借：银行存款　　　　　　　　　　　　　　　　 6 000

　　　贷：营业外收入　　　　　　　　　　　　　　　 6 000

　　　　　　　　　　　　　　　　　　　　　　　　　　　　（2分）

（10）借：管理费用　　　　　　　　　　　　　　　　1 000

　　　 贷：银行存款　　　　　　　　　　　　　　　　1 000

　　　　　　　　　　　　　　　　　　　　　　　　　　　　（2分）

营业利润 = (30 000 + 45 000 + 1 200) - 57 000 - 1 000 - 1 140 - 7 500 - 1 000 - 1 000

　　　　 = 7 560

　　　　　　　　　　　　　　　　　　　　　　　　　　　　（4分）

基础会计试卷二

一、单项选择题（每小题 1 分，共 10 分）

1. 下列各项经济业务中，仅引起资产有关项目一增一减的有（　　）。
   A. 以银行存款 400 000 元购买房屋一套
   B. 收到投资者甲投入货币资金 50 000 元
   C. 用现金支付职工工资 25 000 元
   D. 以银行存款缴纳税金 10 000 元

2. 企业预付下一年度财产保险费时，应借记（　　）账户。
   A. 管理费用　　　　B. 制造费用　　　　C. 预付账款　　　　D. 预提费用

3. 会计人员在填制记账凭证时将 6 800 元误写成 8 600 元，并已过账，更正时应采用（　　）。
   A. 划线更正法　　　B. 红字更正法　　　C. 补充登记法　　　D. 以上三者均可

4. 企业接受捐赠的资产应贷记（　　）账户。
   A. 实收资本　　　　B. 资本公积　　　　C. 营业外收入　　　　D. 其他业务收入

5. 某企业"应收账款"明细账期末余额情况如下：甲企业借方余额为 10 000 元，乙企业贷方余额为 9 000 元，丙企业借方余额为 15 000 元，假如该企业预收账款项目的数额为贷方余额，则根据以上数据计算的反映在资产负债表上应收账款数额为（　　）元。
   A. 25 000　　　　　B. 16 000　　　　　C. 32 000　　　　　D. 4 000

6. 对以现金存入银行的业务，登记银行存款日记账的依据是（　　）。
   A. 银行存款的付款凭证　　　　　　　　B. 银行存款的收款凭证
   C. 现金收款凭证　　　　　　　　　　　D. 现金付款凭证

7. 采用实地盘存制时，平时对财产物资的记录（　　）。
   A. 只登记收入数，不登记支出数　　　　B. 只登记支出数，不登记收入数
   C. 先登记收入数，后登记支出数　　　　D. 先登记支出数，后登记收入数

8. 已提取尚未缴纳的教育费附加，应记入（　　）的贷方。
   A. 应交税费　　　B. 营业税金及附加　　C. 其他业务成本　　D. 其他应付款

9. 对银行存款的清查一般采用（　　）。
   A. 实地盘点　　　　B. 核对账目　　　　C. 技术推算　　　　D. 询证法

10. 大华工厂 1 月 31 日材料明细账上数量为 200 千克，单价 21 元，2 月 2 日购入材料 100 千克，单价 18 元，2 月 5 日发出材料 200 千克，2 月 6 日购入材料 300 千克，单价 20 元，2 月 10 日发出材料 250 千克，则按后进先出法，2 月份发出材料的成本为（　　）元。
    A. 12 000　　　　　B. 9 000　　　　　C. 8 900　　　　　D. 9 250

二、多项选择题（每小题 2 分，共 20 分）

1. 下列项目中，属于营业外支出账户核算内容的有（　　　）。
    A. 固定资产盘亏　　　　B. 公益救济性捐款　　C. 支付赔偿金　　　　D. 支付的借款利息

2. 资产负债表内，根据若干总账账户期末余额计算填列的项目有（　　　）。
    A. 货币资金　　　　　　B. 存货　　　　　　　C. 应付债券　　　　　D. 资本公积

3. 产品生产的成本项目主要有（　　　）。
    A. 管理费用　　　　　　B. 制造费用　　　　　C. 直接人工费　　　　D. 直接材料

4. 速动资产包括的项目有（　　　）。
    A. 货币资金　　　　　　　　　　　　　　　　B. 短期投资
    C. 应收账款和应收票据　　　　　　　　　　　D. 存货

5. 记账凭证按其内容不同，可以分为（　　　）。
    A. 单一记账凭证　　　　B. 复式记账凭证　　　C. 汇总记账凭证　　　D. 科目汇总表

6. 可以采用通用记账凭证账务处理程序的有（　　　）。
    A. 记账凭证账务处理程序　　　　　　　　　　B. 汇总记账凭证账务处理程序
    C. 科目汇总表账务处理程序　　　　　　　　　D. 多栏式日记账账务处理程序

7. 下列资产中，应于期末将发生额结转本年利润账户的有（　　　）。
    A. 制造费用　　　　　　B. 管理费用　　　　　C. 财务费用　　　　　D. 待摊费用

8. 全面清查，一般适用于（　　　）。
    A. 年度编制决算会计报表之前
    B. 按规定进行清产核资或资产评估
    C. 发生破产清算、撤销、合并改制或改变隶属关系
    D. 单位负责人调离工作

9. 下列属于谨慎性原则要求的是（　　　）。
    A. 资产计价时从高　　　　　　　　　　　　　B. 负债估计时从高
    C. 资产计价时从低　　　　　　　　　　　　　D. 不预计任何可能发生的收益

10. 在结转处理财产的盘盈、盘亏时，下列说法正确的是（　　　）。
    A. 将盘盈的固定资产作为营业外收入处理
    B. 将盘亏材料中的自然损耗部分，转作营业外支出
    C. 将盘亏材料中由过失人赔偿部分，转作其他应收款
    D. 将盘盈的固定资产，作为资本公积处理

三、判断题（每小题 1 分，共 10 分）

1. 会计人员根据记账凭证登账时，误将 2 000 元记为 200 元，更正这种错误应用红字更正法。　　　　　　　　　　　　　　　　　　　　　　　　　　　　（　　　）

2. 制造费用账户贷方登记期末转入本年利润账户的费用。　　　　　（　　）

3. 在设置多栏式现金、银行存款日记账的情况下，可将多栏式日记账中各科目的发生额的合计数，在月末登记总分类账，而不再根据收款凭证和付款凭证登记总分类账。　　　　　（　　）

4. 银行存款余额调节表可以作为企业调整银行存款账面余额的原始凭证。　　　（　　）

5. 一项资源若要作为企业的资产予以确认，其所有权不一定属于企业。　　　（　　）

6. 厂部医务人员的工资应在管理费用中列支。　　　　　（　　）

7. 永续盘存制是根据会计凭证在设置的明细账中连续记载财产物资的增减变化，且随时结出账面结存数的一种盘存制度　　　　　（　　）

8. 汇总记账凭证可以采用通用的记账凭证格式。　　　　　（　　）

9. 资产负债表中，应付账款项目期末数，应根据应付账款账户的余额直接填列。　　　　　（　　）

10. 自然灾害造成毁损，扣除保险公司赔款和残值后，计入管理费用。　　　（　　）

四、计算分析题（共 10 分）

某企业预收和预付账款的情况不多，没有设立预收账款、预付账款总账科目，某月末有关科目余额如下。

1. "应收账款"总账科目的借方余额为 6 500 元，明细账如下：

A 工厂借方余额 3 800 元；B 公司借方余额 4 500 元；C 工厂贷方余额 1 800 元。

2. 应付账款总账科目的贷方余额为 7 400 元，明细账如下：

甲工厂贷方余额 4 200 元；乙公司贷方余额 5 300 元；丙工厂借方余额 600 元；丁工厂借方余额 1 500 元。

要求：计算填列资产负债表该月末应收账款、预付账款、应付账款、预收账款项目的金额。

五、业务计算题（共 50 分）

某工业企业 2015 年 12 月发生如下经济业务。（45 分）

1. 购入原材料一批，价款 30 万元，增值税 5.1 万元，材料已验收入库，以银行存款支付。

2. 销售给光明工厂产品一批，售价 100 万元，增值税 17 万元，款未收。

3. 收回长兴工厂前欠货款 28 万元，已存入银行。

4. 分配职工工资 5.8 万元，其中行政管理人员工资 1.2 万元，销售人员工资 4.6 万元。

5. 销售原材料一批，价值 24 万元，材料款已收到，存入银行，该批材料成本 16 万元（不考虑增值税）。

6. 企业将无法支付的应付账款 36 000 元，经批准转入营业外收入。

7. 摊销应由本月负担的报纸杂志费 1 000 元。

8. 向希望工程捐款 20 000 元以银行存款支付。

9. 计提短期借款利息 4.8 万。

10. 计算销售产品应交纳的城建税 0.5 万元。

11. 计算并结转已销产品的成本 76 万元。

12. 将损益类账户余额转入本年利润账户。

13. 按照净利润的 25% 计算结转应交所得税，并转入本年利润账户。

14. 按照净利润的 10% 和 5% 提取法定盈余公积和任意盈余公积。

要求：（1）根据以上资料编制会计分录（共 30 分）。

（2）编制 2015 年 12 月的利润表（15 分）。

利 润 表

2015 年度

编制单位：×× 企业

项　　目	本月数	本年累计数
一、营业收入		略
减：营业成本		略
营业税金及附加		略
销售费用		略
管理费用		略
财务费用		略
资产减值损失		略
加：公允价值变动收益（损失以"－"号填列）		略
投资收益（损失以"－"号填列）		略
二、营业利润		略
加：营业外收入		略
减：营业外支出		略
三、利润总额		略
减：所得税费用		略
四、净利润		略

基础会计试卷二答案

一、单项选择题（每小题 1 分，共 10 分）

1. A　2. C　3. B　4. C　5. A　6. D　7. A　8. A　9. B　10. C

二、多项选择题（每小题2分，共20分）

1. ABC   2. AB   3. BCD   4. ABC   5. ACD   6. AC   7. BC   8. ABCD   9. BCD   10. AC

三、判断题（每小题1分，共10分）

1. ×   2. ×   3. √   4. ×   5. √   6. ×   7. √   8. ×   9. ×   10. ×

四、计算分析题（共10分）

应收账款＝8 300元

　预收账款＝1 800元

应付账款＝9 500元

　预付账款＝2 100元

五、业务计算题（共50分）

1. 借：原材料 300 000
　　应交税费——应交增值税（进） 51 000
　　贷：银行存款 351 000
2. 借：应收账款——光明工厂 1 170 000
　　贷：主营业务收入 1 000 000
　　　应交税费——应交增值税（销） 170 000
3. 借：银行存款 280 000
　　贷：应收账款——长兴工厂 280 000
4. 借：管理费用 12 000
　　销售费用 46 000
　　贷：应付职工薪酬 58 000
5. 借：银行存款 240 000
　　贷：其他业务收入 240 000
同时，借：其他业务成本 160 000
　　贷：原材料 160 000
6. 借：应付账款 36 000
　　贷：营业外收入 36 000
7. 借：管理费用 1 000
　　贷：预付账款 1 000
8. 借：营业外支出 20 000
　　贷：银行存款 20 000
9. 借：财务费用 48 000

	贷：应付利息	48 000

10. 借：营业税金及附加　　　　5 000
　　　贷：应交税费——城建税　　　　5 000
11. 借：主营业务成本　　　　760 000
　　　贷：库存商品　　　　760 000
12. 借：主营业务收入　　　　1 000 000
　　　其他业务收入　　　　240 000
　　　营业外收入　　　　36 000
　　　贷：本年利润　　　　1 276 000
同时，借：本年利润　　　　1 052 000
　　　贷：主营业务成本　　　　760 000
　　　营业税金及附加　　　　5 000
　　　管理费用　　　　13 000
　　　销售费用　　　　46 000
　　　财务费用　　　　48 000
　　　其他业务成本　　　　160 000
　　　营业外支出　　　　20 000
13. 借：所得税费用　　（1 276 000－1 052 000）×25%　　56 000
　　　贷：应交税费——应交所得税　　　　56 000
　　　借：本年利润　　　　56 000
　　　贷：所得税费用　　　　56 000
14. 借：利润分配——提取法定盈余公积　　　　16 800
　　　　　　　　——提取任意盈余公积　　　　8 400
　　　贷：盈余公积——法定盈余公积　　　　16 800
　　　　　　　　——任意盈余公积　　　　8 400

利 润 表

编制单位：××企业　　　　2015 年度　　　　单位：元

项　目	本月数	本年累计数
一、营业收入	1 240 000	略
减：营业成本	92 000	略
营业税金及附加	5 000	略
销售费用	46 000	略
管理费用	13 000	略
财务费用	48 000	略

续表

项　目	本月数	本年累计数
资产减值损失	0	略
加：公允价值变动收益（损失以"－"号填列）	0	略
投资收益（损失以"－"号填列）	0	略
二、营业利润	208 000	略
加：营业外收入	36 000	略
减：营业外支出	20 000	略
三、利润总额	224 000	略
减：所得税费用	56 000	略
五、净利润	168 000	略

基础会计试卷三

一、单项选择题（每小题1分，共10分）

1. 会计的基本职能是（　　）。
   A. 反映与分析　　　B. 核算与监督　　　C. 反映与控制　　　D. 控制与监督

2. 费用是指企业为销售商品，提供劳务等日常活动所发生的（　　）。
   A. 经济利益流出　　B. 生产费用　　　　C. 财力耗费　　　　D. 经济损失

3. 会计科目是（　　）。
   A. 会计要素的名称　B. 会计报表的名称　C. 账簿的名称　　　D. 账户的名称

4. 在借贷计账法中，账户的哪一方登记增加，哪一方登记减少，取决于（　　）。
   A. 账户的结构　　　B. 账户的性质　　　C. 账户的用途　　　D. 账户的格式

5. 以应收、应付作为标准确定本期收入，费用的会计原则称为（　　）。
   A. 权责发生制　　　B. 现金制　　　　　C. 待摊费用　　　　D. 收付实现制

6. 下列不属于营业外支出的项目是（　　）。
   A. 固定资产盘亏损失　　　　　　　　　B. 非常损失
   C. 职工子弟学校经费　　　　　　　　　D. 坏账损失

7. 下列项目不能作为记账凭证的是（　　）。
   A. 发票　　　　　　B. 收料单　　　　　C. 经济合同　　　　D. 领料单

8. 某企业开出转账支票一张8 600元，以支付购买的办公用品，编制记账凭证时，误记金额为6 800元，应采用的更正方法是（　　）。
   A. 补充登记法　　　B. 红字更正法　　　C. 划线更正法　　　D. 以上方法都可以

9. 用来记录某一特定种类经济业务发生情况的序时账簿是（　　）。
   A. 普通日记账　　　B. 明细分类账　　　C. 专栏日记账　　　D. 特种日记账

10. 一般而言，单位撤销、合并时，要进行（　　）。
    A. 实地盘点　　　　B. 全面清查　　　　C. 局部清查　　　　D. 技术推算

二、多项选择题（每小题2分，共20分）

1. 下面属于会计核算的基本前提有（　　）。
   A. 会计主体　　　　B. 会计分期　　　　C. 货币计量　　　　D. 持续经营

2. 持续经营可划分若干期间，可按（　　）进行会计分期核算。
   A. 周　　　　　　　B. 月　　　　　　　C. 年　　　　　　　D. 季

3. 会计制度规定，不属于生产经营主要设备的物品构成固定资产的条件是（　　）。
   A. 单位价值在1 000元以上　　　　　　B. 使用期限在一年以上

　　C. 单位价值在 2 000 元以上　　　　　　D. 使用期限在两年以上

　4. 采购材料的实际成本包括（　　　）。

　　A. 材料买价　　　B. 增值税进项税额　　C. 运输费　　　D. 仓储费

　5. 产品的生产成本包括（　　　）。

　　A. 直接材料费　　　B. 直接工资　　　C. 管理费用　　　D. 制造费用

　6. 任何会计主体都必须设置的账簿有（　　　）。

　　A. 日记账　　　B. 辅助账簿　　　C. 总分类账簿　　　D. 明细分类账

　7. 对账的内容包括（　　　）。

　　A. 账证核对　　　B. 账账核对　　　C. 账账核对　　　D. 账表核对

　8. 在记账凭证账务处理程序下，不能作为登记总账直接依据的有（　　　）。

　　A. 原始凭证　　　B. 记账凭证　　　C. 汇总记账凭证　　　D. 科目汇总表

　9. 按清查时间不同，可将财产清查分为（　　　）。

　　A. 全面清查　　　B. 局部清查　　　C. 定期清查　　　D. 不定期清查

　10. 会计报表的编制要求有（　　　）。

　　A. 数字真实　　　B. 计算准确　　　C. 内容完整　　　D. 报送及时

三、判断题（每小题1分，共10分）

　1. 在企业不单设"预付账款"账户的情况下，对于预付账款业务可在"应付账款"账户反映。　（　　）

　2. 反映所有者原始投资的账户是"盈余公积"账户。　（　　）

　3. 销售费用属于期间费用。　（　　）

　4. 提取坏账准备金这一做法体现的是可靠性原则。　（　　）

　5. "借：库存现金200，贷：银行存款900"的会计分录一般应编制库存现金的收款凭证。　（　　）

　6. 实地盘存制与永续盘存制的主要区别是：是否在平时登记财产物资的减少额。　（　　）

　7. 会计分录中，主要应当标明该项经济业务发生的时间和地点。　（　　）

　8. 会计等式反映了企业财务状况之间的数量关系。　（　　）

　9. 结算往来款项的清查一般采用实地盘点。　（　　）

　10. 收料单属于自制原始凭证。　（　　）

四、计算分析题（10分）

　　某企业 2015 年 11 月 30 日接到其开户行银行对账单，银行对账单余额为 74 000 元，企业银行存款日记账余额为 56 000 元，经核对找出如下未达账项：

　（1）企业销售产品收到货款 2 000 元，已登记银行存款增加，而银行尚未入账；

　（2）企业因购买材料开出转账支票，支付购料款 18 000 元，已登记银行存款减少，而银行尚未入账；

（3）银行收到某单位汇来购货款 10 000 元，银行已登记企业存款增加，而企业尚未入账；

（4）银行代企业支付某单位购料款 8 000 元，银行已登记企业存款减少，而企业尚未入账。

要求：根据以上资料计算企业实际可以动用的存款额并编制"银行存款余额调节表"。

银行存款余额调节表

单位：×× 企业　　　　　　　　　2015 年 11 月 30 日

项目	金额	项目	金额
企业银行存款账面余额		开户行对账单余额	
加：		加：	
减：		减：	
调节后的存款余款		调节后的存款余款	

五、业务核算题（共 50 分）

根据经济业务编制会计分录。

1. 收到投资人投入资金 200 000 元，款项存入银行。

2. 企业从银行借入流动资金借款 50 000 元还前欠货款。

3. 购进甲材料 2 吨，单价 3 000 元，乙材料 3 吨，单价 1 500 元，甲和乙共车运输的运费为 500 元，价款和运费以银行存款支付，运费按重量比例分配。

4. 依据仓库领料单汇总，本月上旬材料耗用情况如下：甲材料 A 产品生产耗用 25 600 元，厂部管理部门耗用 400 元，乙材料 B 产品耗用 7 820 元，车间耗用 1 180 元。

5. 分配本月工资，其中 A 产品工人工资 30 000 元，B 产品工人工资 15 000 元，管理人员工资 5 000 元，车间管理人员工资 7 000 元，另专设销售机构人员工资 8 000 元。

6. 按工资的 14% 计提职工福利费。

7. 本月应计提固定资产折旧 18 400 元，其中厂部 6 400 元，车间 12 000 元。

8. 预提本月固定资产修理费 3 280 元，其中厂部 480 元，车间 2 800 元。

9. 企业将本月发生的制造费用总额 12 000 元，转入生产成本，其中 A 产品 9 000 元，B 产品 3 000 元。

10. 本月 A 产品 200 件全部完工入库，实际成本 277 500 元。

11. 将各损益类账户转入"本年利润"账户。

主营业务收入 500 000 元，主营业务成本 375 000 元，营业税金及附加 30 000 元，营业费用 25 000 元，其他业务收入 7 000 元，其他业务成本 4 000 元，管理费用 2 000 元，财务费用 2 500 元，营业外收入 14 000 元，营业外支出 8 500 元。

12. 按利润总额 235 000 元的 25% 计提所得税。

基础会计试卷三答案

一、单项选择题（每小题 1 分，共 10 分）

1. B 2. A 3. D 4. B 5. A 6. D 7. C 8. A 9. D 10. B

二、多项选择题（每小题 2 分，共 20 分）

1. ABCD 2. BCD 3. CD 4. ACD 5. ABD 6. ACD 7. ABD 8. CD 9. CD 10. ABCD

三、判断题（每小题 1 分，共 10 分）

1. √ 2. × 3. √ 4. × 5. × 6. √ 7. × 8. × 9. × 10. √

四、计算分析题（共 10 分）

银行存款余额调节表

单位：××企业   2015 年 11 月 30 日

项目	金额	项目	金额
企业银行存款账面余额	56 000	开户行对账单余额	74 000
加：银行已收，企业未收的款项	10 000	加：企业已收，银行未收的款项	2 000
减：银行已付，企业未付的款项	8 000	减：企业已付，银行未付的款项	18 000
调节后的存款余额	58 000	调节后的存款余额	58 000

五、业务核算题（共 50 分）

1. 借：银行存款 … 200 000
    贷：实收资本 … 200 000
2. 借：短期借款 … 50 000
    贷：银行存款 … 50 000
3. 借：原材料——甲 … 6 200
       ——乙 … 4 800
    贷：银行存款 … 11 000
4. 借：生产成本——B 产品 … 7 820
    制造费用 … 1 180
    贷：原材料——乙 … 9 000
5. 借：生产成本——A 产品 … 30 000
       ——B 产品 … 15 000

管理费用	5 000
制造费用	7 000
营业费用	8 000
贷：应付职工薪酬	65 000

6. 借：生产成本——A 产品　　4 200
　　　　　　——B 产品　　2 100
　　　管理费用　　700
　　　制造费用　　980
　　　销售费用　　1 120
　　　贷：应付职工薪酬　　9 100

7. 借：管理费用　　6 400
　　　制造费用　　12 000
　　　贷：累计折旧　　18 400

8. 借：管理费用　　3 280
　　　贷：其他应付款　　3 280

9. 借：生产成本——A 产品　　9 000
　　　　　　——B 产品　　3 000
　　　贷：制造费用　　12 000

10. 借：库存商品　　277 500
　　　贷：生产成本——A 产品　　277 500

11. （1）借：主营业务收入　　500 000
　　　　　　其他业务收入　　7 000
　　　　　　营业外收入　　14 000
　　　　贷：本年利润　　521 000

　　（2）借：本年利润　　447 000
　　　　贷：主营业务成本　　375 000
　　　　　　营业税金及附加　　30 000
　　　　　　其他业务成本　　4 000
　　　　　　销售费用　　25 000
　　　　　　管理费用　　2 000
　　　　　　财务费用　　2 500
　　　　　　营业外支出　　8 500

12. 借：所得税费用　　58 750
　　　贷：应交税费——应交所得税　　58 750

基础会计试卷四

一、单项选择题（每小题1分，计12分）

1. 会计方法中最基本的方法是（　　）方法。
   A. 会计分析　　　B. 会计检查　　　C. 会计核算　　　D. 会计监督

2. 权责发生制原则主要用于确认（　　）的归属。
   A. 资产和负债　　B. 所有者权益　　C. 收入和费用　　D. 利润

3. （　　）反映了会计基本要素之间的基本数量关系。
   A. 会计科目　　　B. 货币计量　　　C. 复式记账法　　D. 会计等式

4. 产品销售过程的广告费应计入（　　）。
   A. 销售费用　　　B. 生产成本　　　C. 商誉　　　　　D. 商标权

5. 下列属于负债类账户的有（　　）。
   A. 固定资产　　　B. 预提费用　　　C. 预付账款　　　D. 累计折旧

6. 下列记账凭证中可以不附原始凭证的有（　　）。
   A. 转账凭证　　　　　　　　　　　B. 收款凭证
   C. 付款凭证　　　　　　　　　　　D. 收款凭证和付款凭证

7. 下列各类账户中按照用途和结构分类的有（　　）。
   A. 资产类账户　　B. 盘存类账户　　C. 负债类账户　　D. 收入类账户

8. 账簿是以（　　）为依据，连续、系统、完整地记录经济业务的簿册。
   A. 会计科目　　　B. 会计凭证　　　C. 账户　　　　　D. 原始凭证

9. 记账凭证核算程序的显著特点是（　　）。
   A. 根据记账凭证编制科目汇总表
   B. 直接根据每一张记账凭证登记总账
   C. 根据记账凭证编制汇总记账凭证
   D. 所有经济业务都必须在日记总账中进行登记

10. 对于盘盈的固定资产，经批准一般是作为（　　）处理。
    A. 增加营业外收入　　　　　　　　B. 减少营业外收入
    C. 增加管理费用　　　　　　　　　D. 转入其他应收款

11. 会计报表所整理汇总的会计核算资料，主要是指（　　）。
    A. 各种原始凭证　B. 各种记账凭证　C. 各种账簿　　　D. 各种日记账

12. 对会计工作作具体技术性规定的是（　　）。
    A. 会计法　　　　B. 会计制度　　　C. 会计准则　　　D. 财务通则

二、多项选择题（每小题1分，计10分）

1. 下列会计档案需永久性保存的有（　　）。
   A. 日记账
   B. 会计档案销毁清册
   C. 年度会计报表
   D. 总账

2. 把资本性支出误作为收益性支出记账所导致的后果是（　　）。
   A. 资产虚增　　　　B. 资产减少　　　　C. 利润虚增　　　　D. 利润减少

3. 产品的生产成本，由生产过程中的（　　）构成。
   A. 直接材料费　　　B. 直接人工费　　　C. 制造费用　　　　D. 管理费用

4. 复式记账法的基本内容包括（　　）。
   A. 会计科目　　　　B. 记账符号　　　　C. 记账规则　　　　D. 会计分录
   E. 试算平衡

5. 下列账户属于成本费用类账户的有（　　）。
   A. 待摊费用　　　　B. 累计折旧　　　　C. 制造费用　　　　D. 生产成本

6. 原始凭证审核的内容包括（　　）。
   A. 完整性审核
   B. 应借应贷科目及金额是否正确审核
   C. 正确性审核
   D. 合法性、合理性审核

7. 下列账户，适用于三栏式明细账格式登记的有（　　）。
   A. 生产成本　　　　B. 产成品　　　　C. 应收账款　　　　D. 应付账款

8. 某一企业规模较小，且经济业务比较简单，所用的会计科目也较少，该企业较适用的会计核算程序有（　　）会计核算程序。
   A. 记账凭证
   B. 科目汇总表
   C. 多栏式日记账
   D. 日记总账

9. 资产负债表的存货项目应根据（　　）等账户的期末余额合计数填列。
   A. 原材料
   B. 包装物
   C. 材料成本差异
   D. 产成品

10. 银行存款的清查，主要是将（　　）进行核对。
    A. 银行存款日记账与银行存款收付款凭证
    B. 银行存款日记账与银行存款对账单
    C. 银行存款日记账与总分类账
    D. 银行存款总分类账与银行存款收付款凭证

三、判断题（每小题1分，计15分）

1. 会计分期是建立在持续经营假设的基础之上的。　　　　　　　　　　　（　　）
2. 企业获得资产的途径只能由所有者投资形成。　　　　　　　　　　　　（　　）

3. 某账户期末结账后若无余额则该账户不是收入成果类账户，就是费用成本类账户。（　　）

4. 企业出售固定资产收回的价款，应确认为营业收入的实现。（　　）

5. 试算平衡可以检查账户记录是否正确，如果试算平衡，说明记账绝对正确，试算不平衡，说明记账肯定有错。（　　）

6. 把现金存入银行，在实际工作中应编制银行存款收款凭证。（　　）

7. 通过资产负债表可以了解资产的结构、资金来源的结构、资金的流动性和偿还债务能力。（　　）

8. 记账凭证核算程序一般适用规模较大，经济业务较多的企业。（　　）

9. 采用科目汇总表核算程序，不仅可以简化登记总账工作，而且便于检查和分析经济业务。（　　）

10. 外来原始凭证一般都属于一次性凭证。（　　）

11. 进行会计核算，实行会计监督是会计人员主要职责中的两项内容。（　　）

12. 监督职能是会计的最基本职能。（　　）

13. 利润总额扣除所得税后的利润为净利润，也称税后利润。（　　）

14. 在不同的会计核算形式下，"现金日记账"和"银行存款日记账"登记的依据都是不同的。（　　）

15. 每一个会计循环都要经过由凭证到账簿、最后编制会计报表的账务处理过程。（　　）

四、名词解释（每小题 4 分，计 12 分）

负债　会计分期假设　未达账项

五、业务核算题（第 1 小题 16 分，第 2 小题 13 分，第 3 小题 22 分，共 51 分）

1. 黄海工厂有关总账户及明细账账户余额如下（单位：元）。

资料 A：总账账户余额。

现金 500 元，银行存款 30 740 元，应收账款 26 760 元，材料 56 000 元。

产成品 60 000 元，生产成本 14 000 元，固定资产 650 000 元。

利润分配贷方 50 000 元，应付账款 64 300 元，本年利润贷方 70 000 元，累计折旧 150 000 元。

资料 B：部分账户明细账账户余额如下。

应收账款：甲单位借方余额 35 810 元，乙单位贷方余额 9 050 元。

应付账款：A 单位借方余额 8 264 元，B 单位贷方余额 72 564 元。

根据资料 A 和 B 计算资产负债表中的下列项目：

① 货币资金 ＝

② 存货 =

③ 应收账款 =

④ 应付账款 =

⑤ 固定资产净值 =

⑥ 未分配利润 =

⑦ 预收款项 =

⑧ 预付款项 =

2. 某公司 4 月份经济业务如下，请按权责发生制和收付实现制计算 4 月份的收入、费用和利润（不考虑增值税）。

①销售产品 60 000 元，存入银行；②销售产品 15 000 元，货款未收；③用银行存款预付 7—12 月份保险费 12 000 元；④本月应计提短期借款利息 3 200 元；⑤收回上月销货款 18 000 元；⑥预收销货款 8 200 元。

3. 某企业 4 月份主要业务如下。（每题 1 分，共 22 分）

（1）向 × 公司购甲材料 1 000 千克，单价 15 元，增值税 2 550 元，同时购入乙材料 1 500 千克，单价 20 元，增值税 5 100 元，两种材料共支付运杂费 750 元，税、货款及运杂费尚未支付。

（2）以上材料全部验收入库。

（3）以存款付清 × 公司税货款及运杂费。

（4）本月发出材料如下：生产 A 产品用甲材料 6 120 元，乙材料 14 210 元，生产 B 产品用甲材料 10 710 元，乙材料 12 180 元；车间一般耗用乙材料 2 030 元，厂部一般耗用乙材料 1 015 元。

（5）向银行提取现金 10 000 元备发工资。

（6）以现金发放工资 10 000 元。

（7）结转本月工资费用：A 产品生产工人工资 4 000 元，B 产品生产工人工资 4 500 元，车间管理人员工资 500 元，厂部人员工资 1 000 元。

（8）按规定计提职工福利费。

（9）提取固定资产折旧：车间负担 4 000 元，厂部负担 2 000 元。

（10）以银行存款支付水电费 3 805 元，其中车间 3 200 元，厂部 605 元。

（11）以现金支付办公用品费 900 元，其中车间 400 元，厂部 500 元。

（12）分配结转制造费用（按生产工人工资比例分配）。

（13）A 产品 527 件全部完工，验收入库，包括期初在产品成本 7 200 元。

（14）向 M 公司销售 A 产品 600 件，单价 100 元，增值税率 17%，税、货款未收。

（15）向 N 公司销售 B 产品 300 件，单价 120 元，增值税率 17%，税、货款收存银行。

（16）收到 M 公司还来前欠货款。

（17）以存款支付展览费 1 100 元。

（18）预提应由本期负担的短期借款利息 250 元。

（19）按产品销售收入的 10% 计算结转本月产品销售税金。

（20）结转已销产品的制造成本（B 产品制造成本 80 元/件，A 产品制造成本 60 元/件）。

（21）企业收到投资者投入的不需要安装设备一台，双方协商作价 42 000 元。

（22）结转损益类账户。

要求：（1）根据上述经济业务编制会计分录（运杂费按材料重量分配，制造费按生产工人工资比例分配）。

（2）所有计算均需写出计算过程。

基础会计试卷四答案

一、单项选择题（每小题 1 分，计 12 分）

1. C   2. C   3. D   4. A   5. B   6. A   7. B   8. B   9. A   10. C

二、多项选择题（每小题 1 分，计 10 分）

1. BC   2. BD   3. ABC   4. BCE   5. CD   6. ACD   7. CD   8. AD   9. ABCD
10. ABC

三、判断题（每小题 1 分，计 15 分）

1. √   2. ×   3. ×   4. ×   5. ×   6. ×   7. √   8. ×   9. ×   10. √   11. √
12. ×   13. √   14. ×   15. √

四、名词解释（每小题 4 分，计 12 分）

负债：是指过去的交易、事项形成的现时义务，履行该义务预期会导致经济利益流出企业。

会计分期假设：将一个企业的全部经营期人为地划分为若干相等的较短期间。会计期间通常是一年，可以是日历年，也可以是营业年。

未达账项：由于交接时间上的耗费，导致一方已记账，另一方还未记账的往来款项。

五、业务核算题（第 1 小题 16 分，第 2 小题 13 分，第 3 小题 22 分，共 51 分）

1. 货币资金 = 500 + 30 740 = 31 240

存货 = 56 000 + 60 000 + 14 000 = 130 000

应收账款 = 35 810

应付账款 = 72 564

固定资产净值 = 650 000 − 150 000 = 500 000

未分配利润 = 70 000 + 50 000 = 120 000

预收款项 = 9 050

预付款项 = 8 264

2. 权责发生制：收入 = 60 000 + 15 000 = 75 000

　　　　　　费用 = 3 200

收付实现制：收入 = 60 000 + 18 000 + 8 200

　　　　　　　 = 86 200

　　　　　费用 = 12 000

3.（1）借：在途物资——甲材料　　　　　　　　　　　　15 300

　　　　　　　　　——乙材料　　　　　　　　　　　　30 450

　　　　　应交税金——应交增值税（进项税额）　　　　7 650

　　　　贷：应付账款　　　　　　　　　　　　　　　　　53 400

（2）借：原材料——甲材料　　　　　　　　　　　　　　15 300

　　　　　　　——乙材料　　　　　　　　　　　　　　30 450

　　　贷：在途物资——甲材料　　　　　　　　　　　　　15 300

　　　　　　　　　——乙材料　　　　　　　　　　　　　30 450

（3）借：应付账款　　　　　　　　　　　　　　　　　　53 400

　　　贷：银行存款　　　　　　　　　　　　　　　　　　53 400

（4）借：生产成本——A 产品　　　　　　　　　　　　　20 330

　　　　　　　　——B 产品　　　　　　　　　　　　　22 890

　　　制造费用　　　　　　　　　　　　　　　　　　　　2 030

　　　管理费用　　　　　　　　　　　　　　　　　　　　1 015

　　　　贷：原材料——甲材料　　　　　　　　　　　　　16 830

　　　　　　　　　——乙材料　　　　　　　　　　　　　29 435

（5）借：库存现金　　　　　　　　　　　　　　　　　　10 000

　　　贷：银行存款　　　　　　　　　　　　　　　　　　10 000

（6）借：应付职工薪酬　　　　　　　　　　　　　　　　10 000

　　　贷：库存现金　　　　　　　　　　　　　　　　　　10 000

（7）借：生产成本——A 产品　　　　　　　　　　　　　4 000

　　　　　　　　——B 产品　　　　　　　　　　　　　4 500

　　　制造费用　　　　　　　　　　　　　　　　　　　　500

　　　管理费用　　　　　　　　　　　　　　　　　　　　1 000

　　　　贷：应付职工薪酬　　　　　　　　　　　　　　　10 000

（8）借：生产成本——A 产品　　　　　　　　　　　　　560

　　　　　　　　　　　$4 000 \times 14\% = 560$

　　　　　　　——B 产品　　　　　　　　　　　　　630

$$4\,500 \times 14\% = 630$$

制造费用	70

$$500 \times 14\% = 70$$

管理费用	140

$$1\,000 \times 14\% = 140$$

贷：应付职工薪酬	1 400
（9）借：制造费用	4 000
管理费用	2 000
贷：累计折旧	6 000
（10）借：制造费用	3 200
管理费用	605
贷：银行存款	3 805
（11）借：制造费用	400
管理费用	500
贷：库存现金	900
（12）借：生产成本——A 产品	4 800
——B 产品	5 400
贷：制造费用	10 200
（13）借：库存商品——A 产品	36 890

$$20\,330 + 4\,000 + 560 + 4\,800 + 7\,200 = 36\,890$$

贷：生产成本——A 产品	36 890
（14）借：应收账款	70 200
贷：主营业务收入	60 000
应交税费——应交增值税（销项税额）	10 200
（15）借：银行存款	42 120
贷：主营业务收入	36 000
应交税费——应交增值税（销项税额）	6 120
（16）借：银行存款	70 200
贷：应收账款	70 200
（17）借：销售费用	1 100
贷：银行存款	1 100
（18）借：财务费用	250
贷：应付利息	250
（19）借：营业税金及附加	9 600

$$(60\,000 + 36\,000) \times 10\% = 9\,600$$

```
            贷：应交税费                                           9 600
(20) 借：主营业务成本                                            60 000
            贷：库存产品——A 产品                                 36 000
                      ——B 产品                                  24 000
(21) 借：固定资产                                                42 000
            贷：实收资本                                          42 000
(22) 借：本年利润                                                75 605
            贷：主营业务成本                                      60 000
                  营业税金及附加                                   9 600
                  管理费用                                         4 655
```

$$1\,015 + 1\,000 + 140 + 2\,000 + 500 = 4\,655$$

```
                  销售费用                                         1 100
                  财务费用                                           250
      借：主营业务收入                                            96 000
```

$$36\,000 + 60\,000 = 96\,000$$

```
            贷：本年利润                                          96 000
```

附录 A　有关资料阅读

会计职业薪资行情

会计人员一般月薪在 2 000 ~ 8 000 元不等，且逐渐呈上升趋势，总地说来，薪资与学历、经验、职称密切相关，随着学历的提高、经验的积累和职称的提高，薪酬也有明显的提高。作为从事这个业务的人员，过硬的业务技能和知识非常重要，同时，资格证书也是薪酬高低的重要参考指标。拥有 CPA 证书，成为中国注册会计师的会计平均月薪保持在 5 000 元以上。

会计职业发展路径

会计可以从出纳做起，管理货币资金、票据、有价证券等的进进出出，填制和审核原始凭证，工作熟练之后，再从事会计工作。当然也可以从会计专业毕业之后，直接从事会计工作。如果能及时调整自己的知识结构，培养管理团队的意识，总结成功的经验和失败的教训，不断改进工作中的问题，提高综合素质，将可以获得更进一步的发展。

（1）路径一：熟悉会计操作、会计核算流程，具备财务筹划技能后，可以成为会计经理；

（2）路径二：具备一定的财务管理能力和实际操作能力后，可以发展成为财务分析师、预算分析师、核算专员，进而发展成为财务分析经理、预算经理、财务成本控制经理或财务经理；

（3）路径三：积累一定的经验，熟悉所处行业和企业的业务管理状况之后，可以向审计方向发展，成为审计专员，进而向审计经理发展，也可以转而从事统计工作，成为统计经理。

相关认证

目前，可在国内参加考试。国外认证的会计师资格证书主要有五种：ACCA（特许公认注册会计师公会）、AIA（国际会计师公会）、CGA（加拿大注册会计师协会）、CMA（美国管理会计师协会）、ASCPA（澳大利亚注册会计师协会）。每张证书适应的国家和教学、考试内容不同，用来适应不同国家的会计制度。

1. ACCA（特许公认注册会计师公会）

作为国际上最权威的会计师组织，ACCA 被称为"会计师界的金饭碗"。其会员资格在国际上得到广泛认可。英国立法许可 ACCA 会员从事审计、投资顾问和破产执行的工作，有资格直接在欧盟国家执业。目前，该考试每年两次，分别在 6 月和 12 月。

ACCA 考试科目有 14 门，分为三部分，学员必须按科目的先后次序报考，每次最多报考四门。第一、二部分和第三部分的选择课程每科成绩在合格后可予以保留。第三部分最后三门核心课程须同时报考、同时通过。三门中若只有一门通过，则通过的这门成绩也不能保留，三门课均需重考；若三门中有两门通过，且另一门在 30 ~ 49 分之间时，则没通过的那门有两次补考机会，在随后的两次考试中通过，三门课亦可视为全部通过；不然，三门课均须重考。所有 14 门考试必须在学员报名注册后 10 年内完成。

2. AIA（国际会计师公会）

AIA 是以英国为基础的国际会计师公会所授予的国际会计师专业资格证书，AIA 是 5 个受到英国法令承认的专业资格认证实体之一，并且 AIA 会计专业资格还被认可为公司审计师的专业资格认证。

AIA 考试共 16 门课程，分为四个阶段。必须在 10 年内全部通过，每个阶段都有相应的阶段认证证书。前 12 门每年可考四次，报考不分先后顺序，分别在 1 月、6 月、7 月和 12 月。最后 4 门考试时间为每年 6 月、12 月，必须在前两个阶段全部通过后，才可报考。

AIA 对报考者没有特殊的学历要求，由于整个 AIA 的培训和考试都是纯英文的，因此报考者的英语水平必须过硬才行。国际会计师公会设立免考制度，学员依据规则可申请免考一些科目，见表 A-1。

表 A-1

学校性质	所属专业	AIA 可免科目（Paper）
大专	会计或金融专业	2, 4, 5, 6
大专	非会计或金融专业	2, 4, 6
本科"211"工程	会计或金融专业	1 至 6
	非会计或金融专业	2 至 6
非本科"211"工程	会计或金融专业	2 至 6
	非会计或金融专业	2, 3, 4, 6
CICPA/MPACC		1 至 12
MBA		1, 2, 3, 4, 5, 6, 10
LCCI 会计群体证书		1, 3, 6

3. CGA（加拿大注册会计师协会）

CGA 是国际公认的会计专业资格认定。其会员可在加拿大执业，独立签署审计报告。

据加拿大注册会计师协会北京代表处介绍：所有参加培训的人员均需评估入学资格，学员凭入学资格评估信申请入学。高中毕业可从初级课程开始修读。

考试期限为六年，六年内学员获得了学士或学士以上学位；通过全部 CGA 考试；有两年或两年以上会计相关工作经验，就可获取 CGA 资格。CGA 课程分为四个级别和综合考试，共 18 门课程。根据规定会计本科可豁免八至九门课。

4. CMA（美国管理会计师协会）

CMA 是由美国管理会计学会 IMA 建立的专业证照制度。在许多国家和著名的跨国公司都得到了广泛的承认。

参加管理会计师 CMA 考试必须先成为 IMA 会员。在取得会员号后便可申请报名参加 CMA 考试。考试内容分四科，考试期限为四年。若有任何一个科目未通过，可申请重考（无须时间间隔），但一年内重考同一科的次数不可多于三次。每年需要一定的会费。

5. ASCPA（澳大利亚注册会计师协会）

ASCPA 是澳大利亚最大的会计师组织，在国际上具有相当的知名度，会员享有审计报告签字权。该资格考试共有 16 门，对于通过中国注册会计师考试的学员可以免考四门，每门课只允许一次补考，每年 7 月和 12 月考试两次。报名条件是大学本科毕业，IELTS 成绩 6 分以上。

会计证书

会计证书分为以下几类。

会计从业资格证书

1. 上岗证（会计证）——会计从业资格证书；会计电算化证。
2. 职称证——助理会计师（初级）、会计师（中级）、高级会计师（高级）。
3. 执业资格证——注册会计师（CPA-PRC）。
4. 特许公认注册会计师（英国、欧洲及许多主要国家法定会计师资格）（ACCA）。
5. 国际注册内部审计师（CIA）。

6. 英国国际会计师（AIA）。

7. 美国注册会计师（CPA-US）。

8. 英国特许管理会计师证书（CIMA）。

9. 加拿大注册会计师（CGA）。

10. 澳大利亚注册会计师（CPA – AS）。

11. 美国注册管理会计师（CMA）。

中国注册会计师考试

1. 注册会计考试每年的 4 月份在地区级的财政局报名。

2. 注册会计师考试实际上是一项执业资格考试。考试合格采用百分制，一般情况下 60 分为合格分数线，不受数量和比率的限制。

3. 注册会计师考试的报名条件：符合下列条件的人员，可以报名参加注册会计师全国统一考试。

（1）拥护《中华人民共和国宪法》，享有选举权和被选举权。

（2）具有完全行为能力。

（3）具有高等专科以上学校毕业学历或者具有会计或者相关专业中级以上技术职称。

有下列情形之一的人员，不能报名参加注册会计师全国统一考试，已经办理报名手续的报名无效。

（1）因受过刑事处罚，自刑罚完毕之日起至申请报名之日止不满 5 年者。

（2）因吊销注册会计师证书，自处罚决定之日起至申请报名之日止不满 5 年者。

（3）以前年度参加注册会计师考试因作弊而受到停考处分期限未满者，或终身不得参加注册会计师行业组织的各类考试者。具有会计或者相关专业高级技术职称的人员，可以申请免予部分科目的考试。

国内会计证考试

目前国内的会计证考试分为三个级别。第一是会计从业资格证书考试；第二是会计职称证书考试；第三是注册会计师资格证书考试（执业资格考试）。

1. 会计从业资格考试

根据国家规定，在我国所有要从事会计行业的人，必须持有《会计证》。会计从业资格考试科目包括：财经法规与职业道德、会计基础知识、初级会计电算化。

2. 全国会计专业技术资格考试（职称考试）

考试分为初级资格考试（初级会计职称）、中级资格考试（中级会计职称）和高级资格考试（高级会计职称）。

取得会计从业资格证书，并从事会计职业 2 年的人，可申请初级资格考试。初级资格考试科目包括：经济法基础、初级会计实务。考生必须一次性通过 2 个科目，才可以取得助理会计师证书。

中级资格考试科目包括：财务管理、经济法、中级会计实务，考生须在连续的两个考试年度内全部通过，才可取得证书。

另外，目前，我国对已取得中级职称的会计人员，采用评审制来认证其高级会计师职称，高级资格考试科目：高级会计实务。

3. 注册会计师考试（CPA）

凡有高等专科以上学校毕业学历或者已取得会计或者相关专业（指审计、统计、经济）中级以上专业技术职称的中国公民都有资格报考注册会计师。自 2009 年起注册会计师考试科目变为"6＋1"模式，会计、审计、财务成本管理、经济法、税法、公司战略与风险管理（新增科目）。

另外，考试分三个阶段。第一层级，专业阶段考试设 6 科，即在延续现行考试的 5 科基础上，增设 1 科。第二层级，综合阶段考试设 1 科，考试科目为综合测试。第三个层级，是英语考试。资料暂不详。

专业阶段单科成绩 5 年内有效，考生通过专业阶段全部科目考试后，取得长期有效的"注册会计师考试专业阶段合格证书"。

考生通过综合阶段科目考试后，取得"注册会计师考试全科合格证书"。取得全科合格证书的考生，如 5 年内申请成为中国注册会计师协会会员，并满足继续教育要求，全科合格证长期有效。否则 5 年内有效。

依据相关规定，具有会计或相关专业高级技术职称的人员（包括学校及科研单位中具有会计或相关专业副教授、副研究员以上职称者），可以申请免试一门专长科目。考试实行滚动式，从第一门单科合格成绩取得之年限算起，五年内必须考完所有科目，才可获得申请注册会计师资格。

参 考 文 献

[1] 仲伟国．司法会计与鉴定．大连：东北财经大学出版社，1987.
[2] 崔刚．上市公司财务报告解读与案例分析．北京：人民邮电出版社，2009.